HUMBLE LISTENING SKILLS

謙虚に聞く力

医学博士／医師・薬剤師
松井住仁

宝島社

謙虚に聞く力

HUMBLE LISTENING SKILLS

医学博士／医師・薬剤師
松井住仁

宝島社

謙虚に聞く力

はじめに

「リーダーの孤独」という言葉があります。

その言葉にはいろいろな意味があると思いますが、「リーダーは俯瞰した視座で組織運営を行わないといけないから、部下たちとなれ合う必要はない」「理解されなくても仕方がない」といったニュアンスで用いられることが多いのではないでしょうか。

一方で「裸の王様」という言葉もあります。こちらは「周囲の批判や意見を受け入れないため、真実が見えなくなり孤立したリーダー」を指します。

この二つはまったく違う意味です。確かにリーダーは孤独なものですが、裸の王様になってはいけません。

さらにいえば、孤独を良しとしてもいけないのです。

では、リーダーはどうあるべきなのでしょうか。何を大切にすべきなのでしょうか。それが本書のテーマである「謙虚に聞く力」であると、私は考えています。

人の意見に耳を傾けなければ、優秀なリーダーもいつしか裸の王様になってしまうからです。

謙虚に聞くことで、リーダーとして正しい決断ができ、それをもって自分自身の心の安寧も得られ、幸せな人生を送れることにも通じるのだと思います。

人は、そもそも孤独では生きられない動物です。だから、謙虚に生きる。そのために聞く力を養うことが大切なのではないでしょうか。

皆さんは周りの人と信頼関係が築けていますか？　部下とはどうですか？　ご家族とは？

たぶん、大きな声でイエスと答えられる人は少ないのではないかと思います。

「リーダーは孤独だ。自分で決断しなければいけない」と自分に言い訳をして、人の話を聞かないということが当たり前になってはいませんか？

それでは、見かけ上の成功をつかめても、本質的なリーダーとしての成功は得られないかもしれません。ましてや、人生の成功者にはなれません。

もちろん、リーダーたるもの、聞くだけではいけません。聞いて、判断して、計画して、行動を起こさなければいけません。

この行動を起こす際に、部下やさまざまな相手の気持ちも考えて、彼らを不快な気持ちにさせないことも大切です。

聖徳太子は「何でも言い合って議論を尽くせば、必ずいい解決ができる」ということを教えてくれています。だからこそ、相手の言うことを止めないでよく話してもらうことが大切なのです。

私は医師で、横浜市にある長田病院の院長です。長田病院は医療法人社団成仁会に属しており、私は成仁会の理事長、また社会福祉法人同塵会の理事長も務めています。

また、これまで神奈川県や横浜市の医師会や病院協会などで、さまざまな問題に向き合ってきました。

医療の現場と福祉の現場で、多くの人の苦しみと向き合い、微力を捧げてきました。

そうした経験に照らしてみても、今の時代、最も大切な力が「謙虚に聞く力」だと確信しています。そのための一番のキーワードが傾聴することだと思うのです。

傾聴とはただ「聞く」のとは違います。では、謙虚に聞く力とはどのようなものなのか、私なりの絵解きを本書でしたいと思います。

2023年6月吉日

松井住仁

目次

第2章　「一流の人」は皆、謙虚

第3章　「謙虚に聞く力」を高める練習

第4章 我先ではなく、組織に望まれるリーダーになれ

第1章

リーダーに必要な「聞く力」とは

万人から慕われた「聖徳太子」の聞く力

「はじめに」でも触れましたが、「謙虚に聞く力」を持ったいちばん代表的な人物は聖徳太子であると、私は考えています。

「和を以って貴しと為す」は、聖徳太子が定めたとされる十七条憲法の第一条の冒頭の言葉です。「忤《さから》うことなきを宗《むね》となす」と続きます。

「他人を尊び、仲良くし、諍《いさか》いをしないことを胸に刻む」といった言い換えができるかと思います。まさに謙虚な姿勢ではないでしょうか。

謙虚は、そもそもは日本人の美徳であると思っています。しかし、多くの伝統と同じように、この美徳もまた失われ、忘れ去られてきているのではないでしょうか。

謙虚に生きることが難しい時代ともいわれます。「謙虚にしていては成功しない」「謙虚では負けてしまう」。そうした考えを持つ人も少なくないでしょう。

しかし、そうして謙虚でない人間が横行したことの弊害が、世界にはたくさんあります。例えばその結果として、「サイコパス」なリーダーが数多く生まれてしまいました。これは怖いことです。

ここでいうサイコパスとは、シリアルキラーのような殺人鬼のことではありません。私なりの定義ですが、サイコパスとは「良心のない人物」です。だから反省もしません。自分の思ったことを躊躇《ちゅうちょ》なくそのまま口にし、また実行します。

誰かに反対されても、聞く耳がありません。傍から見れば、「話の通じない人」です。思いやりもありません。だから、一度こうと決めたら、誰の意見も聞かずにその計画を遂行します。

サイコパスは、常に自分の意見を通します。「自分は絶対正しい」と思い込んでいます。その結果、遠慮も躊躇もなく、断定的に言い切り、命令します。

そのため、「そうかな？　正しいのかな？」と思って、言われたとおりに行動してしまう人が多いのです。

だから、サイコパスが組織や国家のリーダーになると危険です。頭もいいし、弁も立ち、相手に隙を与えずに攻撃できるからです。まさに、独裁者の典型です。

サイコパスの台頭を阻止できるのは、民主主義だけです。民主主義の根幹は寛容の精神であるはずです。

皆の意見を聞く。少数意見も吸い上げる。自分の意見とは違っても、決して蔑《ないがし》ろにはしない。それが民主主義の基本です。

その意味で、民主主義を守るためには謙虚な心を持ち続けなくてはいけないと考えます。

そうした民主主義の基本を、私はまさに聖徳太子の生きざまに見るのです。

衆知を聞く。

皆の意見を聞き、そして考える。衆知から正しい道を選び、決断する。一つの道を選ぶ場合もあれば、バランスを考え、一定の方向を選ぶ場合もあるでしょう。

リーダーが聞くというだけでなく、皆で活発に話し合うことも大切です。そうすれば、必ず良い答えに収斂《しゅうれん》していくはずなのです。

リーダーは、そこに自分の考えを加えて、さらに研ぎ澄ますのです。

衆知をどんどん煮詰めていくイメージです。

謙虚にしていては、横暴な者に勝てない。出世もできない。下手をすればバカにされる、などと言う人もいます。

これに対して私は「謙虚力」という言葉を主張しています。この力は、いわゆる「謙虚」とは少し違います。周りの意見を聞き、それを理解するように努力する。ぐいぐい前に出ることはせず、控えめに周囲を観察する。

これが基本ですが、主張すべきは主張する。そして組織を良い方向に向かわせる。そういう力を持ち合わせていなければいけません。

つまり「謙虚力」とは、「相手を尊重して立てながら、しなやかに自己主張し、ひいては組織を活性化する力」なのです。

そうすることで、もしあなたが組織のリーダー格であるならば、「自身の意向とともに、働くメンバーの主体性を両立させ、組織のパフォーマンスを最大化する」ことができるのです。

それをどのように行うべきなのか、私の人生の成功と失敗の体験も踏まえて述べたいと思います。

そして、「一流の人間」とはどのような人間かも考えたいと思います。一流に肩書は関係がありません。会社の社長が必ずしも一流とは限らないのです。

他人が決めた土俵で成功するよりもむしろ、自分に恥じないこと、自分の人生の成功者になることのほうが、何倍も価値があると思います。

ここまでアグレッシブに活躍してきて、社会的にある程度以上の成功を成した人も、ある時、ハタと「これでいいのか？」と考える瞬間があるものです。そこからでも「謙虚力」の大切さに気づいてほしい。

気づけば、そこからが一流への道です。そうでなければ、それこそ裸の王様、サイコパスになってしまうかもしれません。今が分かれ道なのです。

謙虚力の源泉は、傾聴の姿勢です。だから、まずは周囲の意見を聞く。そのうえで判断し、発言する。主張が大事であっても、相手の意見も聞かず、いわば力ずくで納得させようとしても、決して良い結果には至れないでしょう。だから「まずは傾聴する。そのうえで判断し、主張する」——それが謙虚力の基本なのです。

「謙虚に聞き一流になる」ための42カ条

1

「他人を尊び、仲良くし、諍いをしない」そうすれば、和が保たれる

「謙虚に聞き一流になる」ための42カ条

2

「衆知を聞き、考え、正しい道を選ぶ」

そうすれば、バランスの取れた方向に歩める

一流のリーダーには「謙虚力」がある

組織の大きい、小さいにかかわらず、ひとたび組織の長になり、それまでとは違う権力を持つと、多くの人はおおらかにならずに、むしろ小さくなってしまうようです。小さな人間になるということです。

守りに入るから疑心暗鬼になり、他人の意見を聞かない。聞いたら聞いたで、人の意見を悪いほうに解釈する。そして責任は人に押し付け、自分は暴走する。

もちろん、すべてのリーダーがそうだというわけではありません。そうならずに立派なリーダーとして活躍した、あるいは今現在、活躍している人もたくさんいらっしゃいます。

その違いは何かと考えると、それは「謙虚力」を持っているかどうかなのです。謙虚であれば、聞く耳を持つことができます。ただ聞く、聞き流すのではなく、しっかりとさまざまな意見を聴き、意識にとどめ、その意見について真摯に考える。

だから優秀な組織の長は現場を知っています。社長室でふんぞり返って報告を待っているのではなく、「歩き回る経営」などといわれますが、自分から現場に出向く。自分の目で見て、現場の人の意見を直接、聞きたいからです。

質問ももちろん大事なのですが、まずは耳を澄ませて聞くことが大切です。

質問は、よりよく話してもらうために水を向ける言葉なのです。

それが「傾聴」です。そして、ポーズではなく、心の底からさまざまな声を傾聴するためには、謙虚であることが大切なのです。素直な心です。

だから、傾聴できるリーダーは、腰が低く、スタッフの一人ひとりをねぎらい、必要に応じて素直に謝ることもできます。

孔子も「謙虚」を説きました。

これはつまり、説く必要があったということです。日本人にとって謙虚は当たり前のことだったので、わざわざ謙虚であることを説く人は、古《いにしえ》にはいませんでした。

しかし、今はそれを言う時なのではないでしょうか。

「謙虚に聞き一流になる」ための42カ条

3

「常に自分の目で見、自分の耳で聞く」

そうすれば、正しい情報を得ることができる

ただ譲るだけではない「謙虚力」の神髄

「リーダーならばそれでいいけど、自分はまだ若手だから、謙虚でいては出世できない、上に行けない」と考える人も少なくないでしょう。

そういう人には、私は「別に出世などしなくてもいいのではないか」と言いたいです。

そう言ってしまうと、身も蓋もないと思う読者の皆さんも多いでしょう。その真意はこうです。

無理をして、血眼になって、我先に出世しようとしても、きっとろくなことはない。消耗して、下手をすれば家庭も自分の人生も不幸にしてしまう。チャンスに自分から手を挙げることを必ずしも否定するわけではありませんが、それよりもむしろ、誰かに引き上げられる、周りから認められ、推薦されるほうがいいのではないでしょうか。

だから、目立とうとか、誰かを蹴落とそうとかするよりもむしろ、やるべきことは自分を磨く、先を見る目を養うこと。そのために進んで修羅場に飛び込み、人が嫌がることもする。

さらに、やはり傾聴の姿勢が重要です。周りの意見を聞き、積極的に必要な場所に出掛け、見聞を広め、学ぶ。そうやって、大局観を養う。俯瞰して物事、周囲を見る目を育てる。

出世は、あくまでもそうした精進といってもいい努力の結果であるべきなのです。出世自体は、楽に手に入るほうがいいのです。

だから、出世レースに焦る必要などありません。不安になる必要もありません。準備ができる前に上にのぼっても、失敗する確率が高いだけです。そうすれば、ますます小さく固まってしまいます。あるいは、サイコパス的な人間になってしまうかもしれません。

私自身も、医師会などの公職でそれなりに出世したといえます。さまざまな要職を兼務しました。しかし、自ら立候補をしたことも、自分を売り込んだこともありません。どちらかといえば、上になど行きたくなかった。自分はその器ではないと常に思っていましたし、推薦に対して最初は決まって固辞していました。

それでもならざるを得ない、いわばレールが敷かれてきました。そのレールに沿って引っ張り上げられたり、押し上げられたりしてきたのだと思います。

今にして考えると、そう思えてなりません。

心ある人は、見る目がある人といってもいいですが、ある人間――例えば私が、あるいはあなたが「一所懸命にやっている。大義を重んじ、組織のためを考えて行動している。嫌なことも率先してやっている」といったことをどこからか、しっかりと見ている。あるいは組織のそうした部門がしっかりとチェックしている。

その結果、黙ってやるべきことをやっている人は、「この人はよくやっている」と認められる。

しかし、ただ上昇志向の強い人は、それが分からず、見えず、認められず、結果として出世したあなたを見て、何か企んでいたに違いない、あるいは裏で何らかの工作をしたに違いないなどと色眼鏡で見るものです。

組織として大事にしなければいけないのは当然、前者です。周りに望まれて押し上げられた人間を組織は尊重し、抜擢します。上の人はどんな仕事ぶりか、ちゃんと見て、あなたを評価しているものです。

だから、あなたが上司になったら、今度はあなたが部下をちゃんと評価するようにしてください。

もちろん、謙虚なら皆、出世ができるという話ではありません。だから傾聴力が大事なのです。人の話を聞き、周囲をしっかりと見定め、結果、大局観を磨き、時代の流れまでつかむ。そして冷静に、どうすべきかを判断する。しかるべきタイミングを逃さないように、勉強し、感覚を磨き、準備するのです。

そしてリーダーになったら、今度は周囲に加え、部下をよく観察し、そしてやっぱり聞く耳を持つ。聞くだけでなく、今度は語る。ただし、まずは聞く。最初から自分の考えを押し付けてはいけません。いろいろな意見を許容し、多くの意見にむしろ学ぶ姿勢が大切です。聖徳太子流です。

ただし、もし、その人の考えが本当に違うと思ったら、なんとか本人がその間違いに気づけるように仕向けることも必要です。うまく質問をすることです。誘導になるかもしれませんが、決して洗脳ではありません。

自ら考え、答えを探すように促します。答えを押し付けてしまえば、その人の成長が損なわれかねません。

もちろん、緊急を要する場面では違う決断をしなければいけませんが、そうでない場合は、アクションラーニングです。実際の現場で学び、気づかせることが何より重要です。

そして、謙虚力を持った人は、例えば下からあえて好かれようなどとは思いません。そんなところに労力は掛けません。

好かれるかどうかではなく、もっと、いわば孤高に、自分を高めることに力を費やすべきです。皆から好かれるリーダーを目指せば、きっと優柔不断なダメなリーダーができ上がってしまいます。

やっぱり、「結果として」周りから好かれる、部下から尊敬されるリーダーになることが重要なのです。

組織のため、自分のためを思い、精進する。その結果、部下もついてくるのだと思います。

古来いわれる「謙虚」は消極的な生き方です。しかし、ここでいう「謙虚力」とは、いってみれば「積極的な謙虚」なのです。

「謙虚に聞き一流になる」ための42カ条

4

「常に一所懸命に精進する」
そうすれば、出世も向こうからやってくる

「謙虚に聞き一流になる」ための42カ条

5

「すべての部下に関心を持つ」
そうすれば、良いチームワークが生まれる

「自己肯定感が低い」と「謙虚」の違い

若い人たちの間では「自己肯定感」がブームだといいます。自己肯定感がブームになる理由はよく分かりませんが、きっと多くの若者の自己肯定感が低いということの裏返しなのでしょう。

簡単にいえば自分に自信がないということですから、ちょっとした間違いや挫折ですぐに落ち込んでしまいます。だから小さく固まって、間違えないように、間違えないように生きていく。

それは謙虚とはまったく異なる次元の話です。それではたぶん、幸せにはなれません。

「謙虚力」は、ものすごく力強いものです。弱気とは無縁です。繰り返しますが、謙虚力とは「相手を尊重し、立てながら、しなやかに自己主張する力」を意味します。この力を手に入れるためには、失敗しないように小さく小さく生きるのではなく、間違ってもいいからチャレンジしなければいけません。

しかし、そこに出世欲は関係がありません。謙虚力を持った生き方ができれば、何者にならなくてもいいのです。自分らしく生きられればいいのです。自分が、自分の人生のオーナーであればいいのです。自分の人生の成功者であればいいのです。

それはイコール、社会の、会社での成功者ではありません。成功の意味が違うので、どちらも手に入れてもいいのですが、どちらかならば、前者を優先すべきです。その生き方が、周りに認められて祭り上げられないのであれば、それはそれでもいいのです。

「聞く」と「言う」、7対3の黄金律

さて、そうした謙虚力を支える最大の要素が「傾聴」です。傾聴と謙虚は表裏です。なぜなら、傾聴するためには、自分以外の他人の意見、考え方、生き方も素晴らしいと思える、まさに謙虚さが必要だからです。心から興味を持たなければ、本当の意味で傾聴などできません。と同時に、傾聴する姿勢がなければ、決して謙虚にはなれないのです。

サイコパスはそれとは対極にいます。人の意見を聞きません。いかに言い負かすか、こちらの言うことを聞かせるかに腐心します。そして、どうしても言うことを聞かない人間は排除しようとさえします。

それでは、決して成長はしません。

逆に謙虚力があれば、いろいろな意見に耳を傾けられますから、どんどんと成長し、発展していくことができます。

まさに大切なことは、「謙虚に聞く力」です。他人の意見を心から聴く姿勢です。

そうすれば、何が正しいかが自ずと分かります。謙虚な探求者は、どんなに努力して多くの知識を得ても「私はまだ何も分かっていない」と思うものです。だから探求を続けることができます。真実にたどり着かなくても、その姿勢が大切なのです。知ったかぶりとも思い込みとも無縁です。

そんな「謙虚力」の黄金律は７対３です。

自身の意向と利害関係者の主体性を両立させる。そのためには、「傾聴する」と「主張する」が７対３のバランスであることが大切だと思います。

他人の意見に真剣に耳を傾けられる人間には発展性がある。それをしない人間は自分の意見に縛られる。発展性がないだけでなく、歪み、間違える可能性が高い。狭量な官僚は「間違ったことを正しく行う」といわれるゆえんです。また、他人の意見を聞かなければ、真実を悟れないどころか、道を間違っても、どこで間違ったのか、いや、間違ったことすら分からないものです。

真実のバロメーターがないから、そのまま自分が正しいと思って突き進むサイコパスが生まれてしまう土壌にもなりかねないわけです。それでは良いリーダーにはなれないですし、自分の人生の勝者にもなれないでしょう。

だからまずは、聞く。繰り返しますが、「聞く力」を養うことで、「謙虚力」も強化されるのです。

7対3という黄金律は、そもそもは、相手と、あるいは世間と、五分五分などは最初から望まない。10のうち7は譲る。しかし、絶対に譲れないものが10のうち3はあるものだ。だから、その3だけは絶対に譲らずに主張する、という意味です。

私はこの言葉を知り、本当にそのとおりだと思いました。

そして、この7対3にはもう一つの意味があると思うようになったのです。それが、7が「聞く」で、これがベースだが、3は「主張する」必要があるということです。

リーダーならば、そうやって組織をまとめ、より良い方向に舵を切ることができるわけです。この二つが決して相反することではないのは、お分かりいただけるのではと思います。どちらも大切なのです。

「謙虚に聞き一流になる」ための42カ条

6

「常に、私はまだ何も分かっていないと思う」そうすれば、自分の人生の成功者になれる

「謙虚に聞き一流になる」ための42カ条

7

「自身と利害関係者の主体性を両立させる」そうすれば、皆があなたを信頼する

聞く意味——〝見えていないこと〟のほうが多い

私自身は、決して謙虚で思慮深い人間なわけではありません。心底謙虚な人は、こうした本は書かないだろうとさえ思います。

ただ、自分の人生を振り返り、また世の中の不条理を知るにつけ、何が大切なのかを改めて考えるようになりました。その答えが「謙虚力」であり、そのベースとして必要なものが「傾聴する力」であると思うに至ったのです。

恥を申せば、私は赤面症でした。そのために、なかなか自分の意見を言えなかったのです。私が自分のなかで実はいちばん誇りに思うことは、なんとか、そうした自分から脱却できたということです。経験により、立場により、それができたともいえます。

自分がしたことは、さまざまな経験をしようと思い、その都度、その都度のタイミングで、決して逃げなかったことです。

自分の意見があるのに、恥ずかしいから言わない。それは実にもったいないことです。それは、思慮深い、慎み深いわけではなく、ただの弱虫です。

自分の意志を口にしないと、深層心理では「お前はいくじなしだ」と自分をけなすことになります。

自分の意志を口にして、たとえ人に無視されたり、バカにされたりしたとしても、内なる声では、「よくやった」と自分を褒めることができるのです。いくじなしや卑怯者にならなくて済みます。

だから赤面症の自分を、他人にも言われるかもしれませんが、むしろ自分自身が軽蔑しました。それが決別の原動力になったのだと思います。

その時に養ったのが、自分を客観視する目だと思います。

自分を外から正しく認識する目です。その目によって、自分を知りました。自己肯定感など微塵《みじん》もない悲しい男でした。これではいけないと思い、努力して意見を言うようになったのです。

そうやって、徐々に変わっていくことができました。そして大学病院で医師となって勤務するころには、素直に自分の意見を言える人間になっていました。

だから、傍からどう見えていたのかは分かりませんが、力強くも、謙虚であったわけでもありません。むしろ弱かったから、せいぜい10のうち3も主張できればよかったともいえそうです。

しかし、自分の意見が自然といえるようになったあとには、そうしたバランスが心地いいと思うようになりました。

他人に「マウントを取る」などという言葉がありますが、それは美しくありません。自分の意見ばかりを主張していては、ちっとも格好よくありません。だからといって、常に相手を立てて自分の意見は言わない人生も、楽しくありません。

そうしたバランスを肌身に感じることができたから、私は7対3という黄金律が理解できましたし、それこそリーダーには絶対に、10のうち7は聞く力が必要なのだと分かったのです。

決して、自分の経験や考えだけに頼って、他人のこと、部下のこと、今の組織の状況を分かった気になってはいけません。大きな勘違いをしているかもしれないからです。

部下を観察していても、彼らの、例えば私的な部分までは分かりません。その日にたまたま、体調が悪いこともあります。家を出る前に、家庭で何かがあったかもしれません。人知れず、大きな悩みを抱えていることだってあります。重大な事実を、もしかしたら隠しているかもしれません。

見えないことは多いものです。だから、もちろん観察して察知することを否定するわけではありませんが、耳を傾けることが大切なのです。

観察の延長で耳を澄ます。言いたいことがありそうな部下に近づいて、胸襟を開くように促す。やってきた部下の言葉を傾聴する。必要に応じて自ら質問し、聞き出す。いずれにしても、聞くことが重要です。

第2章

「一流の人」は皆、謙虚

「ゲーテ」の謙虚さに一流を感じる

組織において上に立つことだけが人生の成功ではないと、私は強く思います。自分に恥じない生き方をして、一流の人間になることが最も大切だと思うからです。

一流の人間とは、さまざまな意見に素直に耳を傾け、聞き、調整し、決断する。そんな人のことです。結果として、それなりの肩書を持っているものですが、肩書で一流かどうかが決まるわけではありません。

ちなみに、私にとって「一流」の見本はゲーテでした。ヨハン・ヴォルフガング・フォン・ゲーテ。皆さん、ご存じでしょう。有名なドイツの詩人で、劇作家としても有名ですが、彼は文学の方面にとどまらず、多方面に見識のある自然科学者でもありました。さらに弁護士でもあり、政治家でもあり、ヴァイマル（ワイマール）共和国の閣僚にもなりました。また、恋多き人でもあったようです。

私は彼のその、とにかく多彩な才能に感銘を受けました。私にとって、ゲーテこそが一流の代名詞なのです。

１７７５年、カール・アウグスト公からの招請を受け、その後永住することになるワイマール共和国に移り住んだのですが、この地に来てからわずか半年後に、彼はこの国の閣僚となります。

もちろん、私はゲーテの研究家でもなく、本当のゲーテを知っているわけでもありません。人となりについての知識は、想像に過ぎないところもあります。

だから間違っている点もあるかもしれませんが、なんであれ私は、彼のとにかく多彩な才能、そして決して自分のためだけに生きなかった点を好きになったのです。

ゲーテのことを、心から尊敬しています。

彼は天才で、なんでもできてしまう人物でした。文学者であり、科学者であり、政治家でもあったわけですが、軍に所属していたこともありました。

カール・アウグスト公とともにプロイセン軍の一員としてヴァルミーの戦いに加わり、フランス革命軍と戦った際に、それまで劣勢だった革命軍がプロセイン軍に勝利したさまを体験し、その後の世界史を予見、「ここから、そしてこの日から、世界史の新たな時代が始まる」という言葉も残しています。

彼は、歴史の証言者でもあったのです。

ゲーテを知ったのは姉の影響でした。私はそもそもはゲーテの人格よりも才能に惚れたのですが、たぶん、彼は人格者でもあったと思っています。カール・アウグスト公には兄のように慕われ、多くの人から信頼され、半年も経たずにこの国の閣僚になるほど人望もあったのは確かです。

こんな逸話も残っています。

幼少のころからゲーテを崇拝していたベートーヴェンがゲーテと１８１２年、ボヘミアの湯治場で偶然に出会いました。二人は意気投合したと伝わります。

しかし、その関係はたった１週間しか続かなかったといわれています。20歳という年の差もあってか、ベートーヴェンがゲーテを俗物と感じ始めたのが原因のようですが、決定的な出来事がありました。

ある日、二人が連れ立って散策中のことでした。皇后マリア・ルドヴィカとその取り巻きが前からやって来るのを見かけたゲーテが、道を空け、頭を下げて皇后に敬意を表しました。その行為が孤高のベートーヴェンは気に入らなかったのです。

彼は「彼らこそ道を空けるべきだ！」と言いながら、歩いていた遊歩道の真ん中を堂々と歩き続けたそうです。

その後、ベートーヴェンは早々に宿を引き払い、ゲーテもそうした粗野な態度を嫌い、二人の巨匠の関係は終わりを告げました。

粗野で孤高の天才肌であるベートーヴェンに比べ、ゲーテにはまさに謙虚力があったのです。文字どおり、権威にひれ伏すのでも抗うのでもなく、スマートに道を譲ることができる人だったのです。

そんなゲーテを私は目指したかったのです。

「謙虚に聞き一流になる」ための42カ条

8

「心から尊敬できる人を持つ」
そうすれば、目指すべき道が見える

謙虚に聞くカギを握る「滅私」

謙虚に聞くうえで「滅私」は重要なキーワードです。「滅私」とは、「私心をなくすこと」「私利私欲を捨て去ること」という意味です。

自分はどうしたいか、自分や自分たちにとってどうなることが好都合か。そうした私利私欲を脇に置いて、状況を俯瞰し、素直な目で見て、公平な考えでどうすれば全体のために良い結果になりそうかを考えます。そうすれば、自ずと大切なことが分かり、進むべき道も見えてくるものです。

いわば、塩梅《あんばい》が分かるのです。そこで見えた結果をもとに果敢に決断できるのが良いリーダーであり、一流の人間なのだと思います。

姑息に処世術を発揮する人間にはなりたくないものです。

なんらかの大きな判断をしなければいけないときに、私は昔から素直に、ほぼ瞬時に自分をなくすことができました。情報を目の前に並べて、まっさらになって判断するのです。

そう書くと、たいそうなことに聞こえるかもしれません。自己犠牲と同義に思える人もいるかもしれません。

しかし、自分を捨てる、自分をなくすといっても、本当になくすわけではありません。

いってみれば、自分の目を自分より高いところに置けるかということです。自分の目で見れば、自分が主であって、客観的に見ることができません。もし、目を頭上高くに置くことができれば、自分の姿も含めて、周囲を俯瞰することができます。

もちろん、これは気の持ちようであって、何も超能力のような話をしているのではありません。

要は、客観的になれるかどうかです。その時に、ただ「客観的に判断しよう」と意気込むよりも、目線の置き方を変えるほうがやりやすいのです。

自分、いわば自我が残っていると、どうしても判断にバイアスが掛かります。外野の声が聞こえたり、気に入らない人間のためにならないようになどと、つまらない考えが生まれたりもするものです。

つまり、大事な判断をするには邪魔な、余計なことを考えてしまうのです。その結果、判断基準がくもってしまう。だからまっさらになる。そのためには訓練をする必要があるかもしれません。

今からでもやってみてください。別に大げさなテーマでなくてもいいので、意識して、見る位置を高くしてみてください。自我をなくしてみてください。取り払ってみてください。

実は私は、なんの訓練もせず、すぐに、この「滅私」ができたのです。というか、気がついたら、そういうことを日常的にやっていました。

これはどういうことかと考えた結果が、今書いたようなことであるわけです。

重要なことを決断しなければいけないときの、私の行動の原点は、この「滅私」です。無になるという言い方でもいいかもしれませんが、これは何も宗教がかった話ではありません。

皆さんは、次元についてある程度の知識があると思います。

1次元は面積も高さもない線です。2次元は高さのない面です。そして3次元が面積に高さが加わった、立体です。その上に時間という要素を加えた4次元があるということですが、ここでは2次元と3次元の違いを考えてみてください。

有名な話があります。2次元しか知らない虫と、空を飛ぶことができて3次元で生きている鳥では、両者が好きなおいしい実のなる木をどちらが早く見つけることができるかという話です。2次元しか知らない虫が木を見つけ、たどり着くのはとても困難ですが、3次元で生きる鳥には、その木を見つけるのは造作ないことでしょう。

目線を上に飛ばすというのは、それに似た話だと思ってください。

医師会もそうですが、組織にはどうしても「組織のエゴ」が生まれ、事なかれ主義が蔓延してしまいます。いまだ世界を震撼させているコロナ禍への対応においても、それを感じます。

コロナ禍への対応に経済原則は関係がないと思うのですが、どうもそうではないと考える人が少なくありません。例えば病院経営においては、「補助金がどうなるのか」ということを軸に判断することは避けるべきでしょう。しかし、そう考える人が結構います。

例えば、「自分が退けばこの混乱は収まる」と思う局面があるとするならば、私は今の立場を手放すことに躊躇しません。

一方で同じような場面で「自分は残りたい」と思う人が世の中には多い。特に立場が上に行けば行くほどそういう人が増えるのは不思議です。

そうしたなかで、衆愚とは一線を画す「一流の人」は皆、滅私ができる人だと思います。だから一流の判断ができるわけです。それこそが謙虚力の源泉ではないかと思っています。滅私だから、他人の話を素直に聞き、その立場を理解することもできるのでしょう。

私の場合は、自己嫌悪が強かったからできたのかもしれません。中学校まで私は真っ暗な性格でしたから、それが活きていたのかもと思います。まあ、その場合は滅私というよりは自己逃避であったかもしれません。

そうした自己嫌悪の時代から脱して以降は、滅私になることで正しいであろうと思える道が見えるようになりました。

例えば手を挙げて発言するのも、自分のための意見ではなく、滅私のうえの正論であると自分で信じる意見なので、誰の目を気にすることもなく、堂々と発言できるようになりました。

もちろん、発言して目立つ、先頭に立つことだけが正しいわけではありません。皆が嫌がることも必要ならば率先して行うと同時に、誰に見られていなくても、必要と思うことを黙って行うのも謙虚力の発揮です。

そういう社会にならないと、本当に世界はおかしくなるような気がしています。

覇権争いが常態化しつつある昨今は、本当に憂慮すべき時代だと思います。それは謙虚とは真逆の自己主張の世界だからです。

しかもその主張を通すために、武器さえも使う。国境を越える。それでは地球はもちません。

「謙虚に聞き一流になる」ための42カ条

9

「自分の頭上から全体を見る」そうすれば、客観的に問題を捉えられる

「謙虚に聞き一流になる」ための42カ条

⑩

「3次元よりも4次元で物事を捉える」そうすれば、未来をも見通せる

「謙虚に聞き一流になる」ための42カ条

11

「皆の嫌がることを率先して黙って行う」そうすれば、滅私の心が磨かれる

謙虚な心は「儒教」から生まれた？

組織の長になれば、もちろん、正しいと思うことを主張しなければいけないときもあります。皆の話を聞いているだけでは結論が出ません。皆の話を聞いたうえで検討して、「これがいい」と言わなくてはいけません。皆の意見をうまくまとめたり、あるいは、それらを検討したりしたうえで、自分の意見を主張することも必要になります。

日本人は、この自己主張が苦手な場合が多いようです。よくいわれる、西洋文化と東洋文化の違いです。

こんな話を聞いたことがあります。西洋の文化は自然環境が過酷な「砂漠」から生まれた。東洋の文化は「森の中」で生まれた。砂漠には命の危険が横たわっています。いわば環境自体が敵というわけです。敵に囲まれて暮らしている。それに比べて森は、恵みです。東洋人は、自分たちの周りに救いを求めることができたのです。そこで前者は狩猟民族となり、後者は農耕民族になった。前者は戦う民族です。後者は戦うことを好まず、自然の恵みに感謝し、村落を築き、自分たちの文化や仲間を守ってきました。

そこから自己主張する西洋文化と、多数決を大切にし、どちらかといえば自己主張せず、和を守るためには自己犠牲も厭《いと》わない東洋文化が生まれたというのです。その可能性は高いと思います。

しかし、そこから先は一様ではありません。この東洋文化が行きつき、最後に花開いた先が、「東洋の果て」「黄金の国」と呼ばれた日本なのだと思います。だから日本においては、平等を重んじ、外に対しては排他的な村社会が築かれた。

日本人は謙虚な民族だといわれますが、この脈絡からは「謙虚さ」は見えてきません。では「謙虚」はどこから来たのでしょうか。私は、儒教がもたらせたのではないかと思っています。儒教の創始者は孔子です。孔子は「五常」という教えを説きました。これは「仁・義・礼・智・信」です。人を思いやり、私利私欲に囚われず、上下関係を守り、礼を尽くし、学問に励み、誠実であること。そんな意味でしょう。

有名なことわざがあります。これは詠《よ》み人知らずですが、日本で生まれた言葉でしょう。

「実るほど頭《こうべ》を垂れる稲穂かな」――これは謙虚な姿勢の大切さを教えています。偉くなるほど謙虚になれ。五常を守れという意味に通じます。

これはあくまでも私の考えですが、この儒教の教えが最も浸透したのが日本であったように思います。

「謙虚に聞き一流になる」ための42カ条

⑫

「実るほど頭を垂れる稲穂になる」そうすれば、誰からも好かれる

ＷＢＣの名将「栗山英樹監督」に見る謙虚

２０２３年春、ＷＢＣ（ワールドベースボールクラシック）が開催され、侍ジャパンが見事世界一の栄冠に輝きました。

優勝監督である栗山英樹氏のインタビュー記事を読みました。代表監督のオファーが来た時に栗山氏は悩みました。そして最終的に、「私を捨て、日本の野球のために」引き受けたのだそうです。まさに謙虚力の発揮です。

彼が好きな戦国武将は大谷吉継だそうです。

関ヶ原で最後に命を落とすまで、盟友であった石田三成を吉継は助けました。非情でなければ生き抜けない戦国時代に、最後まで人のために尽くした武将であるから、栗山氏は好きなのだそうです。対する三成も、そんな吉継を頼り、大事にしました。

その記事の中で触れられていましたが、こんな逸話があるそうです。

大谷吉継は思い皮膚病を患っていたようです。関ヶ原の合戦のころには皮膚がただれ、頭巾で顔を隠し、さらに自力で歩くことも、もはやままならなかったようです。

ここからが逸話ですが、ある茶会の席で、茶を点《た》てた吉継の顔から膿が落ち、点てた茶の中に入りました。

ところが三成は、平気な顔でその茶を口にしたというのです。本当のことかどうかは分かりませんが、それだけ三成が吉継を頼りにし、信じていたのだということをこの話は表しているのでしょう。また吉継は三成に恩を感じたと思います。

栗山氏は、こうした二人の関係に思いを馳せ、そういう生きざまに憧れると言っています。

そして、「監督って、自分を捨てることだと思うのですね。自分なんか（二人の）足元にも及ばないですけれど、その意志だけは、いつも思っている」と言ったそうです。

これを聞いて「ああ、監督も7対3なのだ」と思いました。この場合の7は選手です。しかし3は自分が主張する。そこに信頼関係がなければ、何事も成すことはできないのです。

サーバントリーダーシップという言葉があります。リーダーはある意味、組織のしもべなのだという意味でしょうか。

つまりは、会社であれば、実際の働き手である社員が働きやすい環境を整備し、全体を俯瞰して、必要なときに口を開くし、救いの手を差し伸べる。しかし、特に定常期といわれる日常の時間には、決して出しゃばらない。やるべきことは組織のサポートと必要な教育だといった意味です。

ただし、変革期になるとリーダーの役割は様変わりします。率先垂範、先頭に立って、皆に号令をかけて、どちらに向かうかを指示するのです。

もっとも、変革期にそうした役割をただちにしっかりと遂行するためには、定常期にいかにうまく準備をしておくかが重要だといいます。

なかでも重要なことが、信頼関係の醸成であり、メンバー一人ひとりを成長させる手助けをすることだと思います。

「謙虚に聞き一流になる」ための42カ条

13

「定常期に組織の信頼関係を醸成する」
そうすれば、変革期を生き抜ける

仏教に見る謙虚――「吾唯知足」の教え

仏教にも、自分を鍛える術《すべ》、謙虚に生きるための教えが多いと感じます。豊かに暮らすため、また良いリーダーとなるために、宗教としてではなく、哲学や処世術として学ぶべきことが多いのではないでしょうか。

例えば「吾唯知足《われただたるをしる》」とは、「足るを知る」ことが必要だという戒めです。

「何かを身につけるのではなく、むしろ脱ぎ捨てよ」という教えです。

成長過程にある若い時には、ある程度以上、ガツガツしていてもいいと思います。貪欲に知識を吸収し、自分を成長させるために進んで修羅場に飛び込む。暴力をふるうという意味ではありませんが、力と力のぶつかり合いが多少はあってもいいと思います。

しかし、ある程度年齢を重ねたり、出世して責任ある立場になったりしたら、「足るを知る」ことが大切になっていきます。

いつまでも欲望のままに感じ、行動するのではなく、むしろ身軽になっていく。脱ぎ捨てるというだけではなく、自分にとっても、組織にとっても、本当に何が必要で、何は不必要なのかを見極めることが大切だということだと思います。あまり欲しがらない。社会のバランスを考え、勝ち過ぎない。儲け主義に走るのではなく、社会貢献も大切にする。まさに、「実るほど頭を垂れる稲穂かな」なのではないでしょうか。

あえて損をしろというのではなく、もう足りているのだから、それ以上は欲しがらずに、必要な人に分け与えましょうということです。私はそう解釈しています。

そろそろ「足るを知る」
そうすれば、身軽に生きることができる

自分で自分を認める「自灯明」が第一歩

また「自灯明《じとうみょう》」という言葉があります。これも釈迦の教えです。正確には「自灯明、法灯明」というそうです。灯明です。その場と行く先を照らす明かりです。道しるべです。

灯明としてまず大切なのは自分である。そして法。これはダルマのことで、仏の教えを示した真実の言葉といった意味です。

つまりは「自分自身を拠り所として、さらには法を道しるべとして生きよ」ということでしょう。

ここでは、後半の「法灯明」は省きます。仏教の法には詳しくありません。

釈正輪という老師の著した『自らを照らし、一隅を照らす』（エフ）という本がありま す。

老師は、あまりにも多い自殺を嘆き、長年、自殺を減らすことに尽力をしておられます。老師は、魔が差すことが自殺のいちばんの理由だと説きます。ではいつ、魔が差すのか。承認欲求が切れてしまうときがいちばん多いそうです。

つまり、「誰も自分のことを分かってくれない。私は孤独だ」と思い込んでしまったときに、魔が差すのです。

だから、お互いがお互いを認め合うことが大切なのです。世界平和に貢献できなくとも、近くの人の承認欲求を満たすことはできる。そして、その最後の砦《とりで》が自分なのです。

自分で自分を認められれば、最終的に承認欲求が切れることはありません。

「本質的な自分が、自分を認められれば救われる」。それが叶《かな》わなくなったら、終わりです。その本質的な自分こそが「自灯明」なのです。老師はこれが、お釈迦《しゃか》様が語った仏教の根本思想だと説いています。

「あなたも素晴らしいが、私も素晴らしい」という信念です。これを知った時、私はまさに「謙虚力」の神髄だと思いました。ただ私は少し言い替えました。

「あなたは素晴らしい。が、私もまた、あなたには及ばないが、あなたとは別人格の自分として、私なりの生き方を生きている」

お釈迦様が往生を迎えた時、弟子たちに最後に語った説法が「……汝らは、ただ自らを灯明とし、自らを依拠として、他人を依拠とせず、法を灯明とし、法を依拠として、他を依拠とすることなくして、修行せんとする者こそ、わが比丘《びく》たちのなかにおいて最高処にあるものである」だったといいます。

つまり、自分で自分を照らすというだけでなく、自分こそを拠り所にする。ただ他人の言うことを鵜呑みにしてはいけない。自分があってこそ、他人の誠も分かり、信頼できるかどうかも分かるはずだということなのだと思います。

転じて考えれば、人生において多くを望んで挫折するのではなく、まずは自らを灯す明かりになれ、ということです。

自らを照らせば、自分のいるその場所、一隅を照らすことにもなります。高望みをするのではなく、足元を見つめることでむしろ高くまで登っていけるし、組織に良い影響を与えることもできるのだと思います。

そして、皆がその場所で自分を照らせば、その一隅が照らされる。皆がそうすることで、そのあたり一面が照らされ、社会が照らされ、そして世界が照らされることに通じる。皆が謙虚力を身につければ、世界は明るくなるというわけです。

釈迦は、釈迦族の王子という身分と優雅な生活を捨て29歳の時に出家し、３人の師について修行しました。しかし、どれも悟りには至らないと思い、そこから6年間、苦行。そして35歳の時、ナイランジャナー川で沐浴をし、村の娘であるスジャーターから乳糜《にゅうび》の布施を受けて体力が回復。菩提樹の下に坐して瞑想に入り、悟りを開いたといわれます。

私が釈迦を素晴らしいと思うのは、悟りを開いたことに満足せず、悩みを抱いた人が大勢いるだろうと思い、その人たちを救おうと教化と伝道活動をし始めたことです。

もちろん、私たちは、お釈迦様にも聖徳太子にもなれません。それでも彼らの生き方、考え方から少しでも学べる部分があるのではと思います。

ここで最も学ぶべきなのは、多くの意見を聞き続けるということです。多くの聖人、名経営者たちが、広く人の意見に耳を澄ませてきたわけです。それを忘れたリーダーは、サイコな独裁者にしかなれないのです。

リーダーという言葉を使っていますが、何も大組織のリーダーだけを指しているわけではありません。

さまざまな単位でリーダーは存在します。そして最小の単位を見れば、自灯明の言葉どおり、自分が自分のリーダーなのです。他人任せで自分のリーダーになっていない人は、ぜひ立ち止まって、自分というものを見つめ直してみてください。
自灯明という言葉は、本当に大事な言葉だと私は思います。

「謙虚に聞き一流になる」ための42カ条

15

「一隅を照らす灯になる」そうすれば、世界が明るくなる

中世ヨーロッパ「金持ち五段活用」の最上級は……

中世ヨーロッパの貴族をランク分けした、「金持ち五段活用」というものがあると聞いたことがあります。残念ながら、詠み人知らずですが、ここに紹介してみましょう。

その五段活用とは、下から「金持ち」「資産持ち」「時間持ち」「友達持ち」、そして「自分持ち」だそうです。

金持ちの五段活用ですから、金持ちなのは当たり前。ただし、一段目の「金持ち」はフローの金持ちです。つまり、収入が途切れれば落ちてしまう金持ちです。だから資産がなくてはいけない。ここまでは分かりやすいです。

次の時間持ちは、いくら資産があり、社会的地位が高くても、自由にできる時間がなければ、偉そうなことは言えないといった意味でしょうか。そして、さらに「友達持ち」。確かに、友達がおらず、孤独では人生が寂しい。友達がいるということは、好かれている、信頼されているということでもあるわけです。

そしていよいよ、最終段階が「自分持ち」。自分――つまりアイデンティティが確立しているということです。またこれは、貴族のランク分けなので、自由になる時間があり、頼りになる人脈も多くあるうえで、なんらかの研究や学問、社会貢献活動など、自分をより高みに上らせるような活動をしていることが求められるというわけです。

これもまた、「謙虚力」を持てという意味だと私は解釈しています。

謙虚に聞く耳を持ち、学ぶ姿勢を保ち、自分を活かし、他人も活かす道を探す。

自己犠牲を厭わず、利他の心を持つことが大切。それがまさにノーブレス・オブリージュ。「高貴であればあるほど、責任が伴う」の意味でしょう。

ここまで書いて、気がついたことがあります。いわゆる出世をする。あるいは五段活用のランクが上がると、イメージとしては階段を上に上がるわけですから、自灯明で照らす範囲が物理的に広がります。

出世をするのであれば、それを意識してするべきなのでしょう。自分の影響力が高まる。それは権利ではなく、義務が大きくなるということなのです。それを骨身に染みて分かっていないと、それこそサイコパスになってしまいかねません。大企業のトップ、さらに国のトップに、謙虚力を持たず、サイコな人間が立ってしまえば、その会社や国、世界はつらいものになります。

謙虚力が、ますます求められる時代になっているような気がしてなりません。

「謙虚に聞き一流になる」ための42カ条

16

「目指すは自分持ち」
そうすれば、正しい貴族の心を持てる

第3章

「謙虚に聞く力」を高める練習

一流のリーダーは「傾聴」で人を導く

リーダーに必要なのは「巻き込む力」だといわれます。人を巻き込み、仲間を増やす。部下を巻き込む。お客さんを巻き込む。そして市場を巻き込む。

そのためには当然、提案力がなければいけません。公平感も必要でしょう。時には他人を諭《さと》し、導くことも求められます。

しかし、最も重要なのは、部下などの巻き込んだ仲間・メンバーが、自ら答えを見つけ、どうすればいいか考えるように促す力なのではないでしょうか。

組織である以上、目標があります。それは努力する方向性であり、会社の場合、売上や利益などの数値を伴うことが多いでしょう。

しかし、ただ目標を立ててメンバーを鼓舞しても、うまくいきません。彼らの本音を知り、得意なことを知り、それぞれに合ったやり方とペースで生産性を高めるよう促す必要があります。

だから、まずは部下一人ひとりについて知らなければいけないのです。能力や適性、性格、考え方の傾向や志向性、モチベーションの高さやコンディションなどを的確に知るために必要なのが、「傾聴する力」です。

一流のリーダーは、語る以前に聞くことだけで他人を導けるといいます。やっぱり7対3です。リーダーの発言は3割でいい。残りの7割はひたすらに「聞く」のが望ましいのです。

傾聴にも大きく二つのフェーズがあると思っています。

一つはグループディスカッションやアンケートの実施、パブリックコメントの募集などで広く、浅く聞く行為です。これもある意味、傾聴です。

もちろん、アンケートを実施しても、「傾聴」する姿勢がなければ答えは見えてきません。だから結果に対して、自分の主観を交えず、あるがまま受け入れることです。

もう一つが、個別に深く聞くことです。この場合は、聞くと同時に観察する力、質問力、さらに相手に発言させるためのカウンセリングの手法を学ぶことも大切になります。部下や周囲の人が思わず本音を話したくなる、そんな存在になることこそ、リーダーの資質といえるのではないでしょうか。

ここでは、後者の傾聴力を掘り下げたいと思います。

「謙虚に聞き一流になる」ための42カ条

17

「指図するよりも考えてもらう」そうすれば、自ら動ける組織になる

「カウンセリングの手法」を学ぼう

カウンセリングにいちばん必要な技術は、質問力ではなく、傾聴力だといいます。発する言葉のほとんどは「同意」です。

「そうなんですね」「そうだったのですね」「それはすごいですね」など、決して否定せず、疑問を持たず、相手が話すままを受け入れて、その先を促す。

ただひたすらに聞いて、必要に応じて時折、方向を微妙にずらすための質問や疑問を投げかける。それは相手に「否定された」とか「誘導されている」などと思われないほどに繊細な作業であるべきなのです。

なぜならば、あくまでも自らの気づきを促す行為だからです。

そうやって本人が、必要な答えに自らたどり着く。その手助けをするのが、カウンセラーです。

質問力よりもむしろ、相槌《あいづち》のうまさが求められるわけです。そうやってさらに深く聞き出す。語ってもらう。そして気づいてもらう。

もちろん、質問力がまったくいらないというわけではありません。ただ、質問することにいわば酔ってしまい、いつの間にか相手を誘導してしまう、あるいは追い詰めてしまう結果になってしまうことがあってはならないのです。

また、観察力も必要です。相手が話している様子を観察するのです。目の動き、唇の渇き、手の動き、全体としての落ち着き方など。簡単にいえば、自身の発言にどのくらい自信を持っているか、コミットしているのかを推し量《はか》るようにします。

「謙虚に聞き一流になる」ための42カ条

18

「ただ聞くことで相手に悟らせる」そうすれば、皆が勝手にやる気になる

傾聴に適した姿勢「I am all ears.」

聞き上手になるには、極論すれば、なんでも話したくなる、少なくとも話しても安心と思ってもらう、そうした存在にまずなることが求められます。話しやすい相手、つい話してしまう相手です。

皆さんにも、そうした相手がいるのではないでしょうか。よくあるのは、幼なじみ。これは昔からいろんなことを分かり合っている仲間だからでしょう。

同じように、ついつい何でも話してしまう先輩などはいないでしょうか？

日頃から付き合いのある上司や先輩であるならば、常に柔和な物腰で、声を荒らげない、説教をしない。人が話をしているときに、基本的に口を挟まない。親身になって、こちらの話を真剣に聞いてくれる。そして時に、いい示唆がもらえる。そうした存在です。

そうした人がいれば、その人は傾聴力を持っている人といえるでしょう。信頼できる相手であるわけです。だからつい、話をしてしまう。

椅子に座って向き合っているのであれば、ある程度深く座り、決して前のめりにならない。真剣でなければいけませんが、真剣すぎてもいけません。どんな話でも受け止める度量の広さ、深さを体現するような柔和さを忘れてはいけません。

もちろん、相手を急かしてはいけません。追い詰めてもいけません。「別に話したくなければ話さなくてもいい」という姿勢がいいでしょう。

ただし、相手が話し始めたら、今度は「全身を耳にして聞く＝I am all ears.」（直訳すると「体全体が耳」となる。「体全体が耳になるくらい興味津々で聞いている」「聞かせて聞かせて！」といった意味の英語）という姿勢が大切です。

確かに、音が入ってくるのは両方の耳ですが、聞くのはある意味、心です。だから「全身を耳にする」という言葉になるのです。

そんなふうに真剣に相手の話を聞くことはもちろん大切です。しかし、ここも難しいところですが、その真剣さを表に出すのがいいとは限りません。場合によっては相手の緊張感を高めてしまいかねないからです。

「全身を耳にして聞く」ための正しいやり方とは、集中しつつ、リラックスした状態で聞くことです。ゆったりと聞くので、相手も話しやすくなります。

そして重要なことは、聞いた話を決して他に漏らさないことです。

「この人に言うと皆に知られてしまう」などと思われてしまえば、その人は二度と腹を割って話してはくれなくなるでしょう。

立場が上になるほど、自ら積極的に聞け

私は、決してスタッフを問い詰めるようなことはしません。促すというよりも、ただ聞いていることが多いように思います。

そのうえで、原則どおりといいましょうか、叱るときは個別に、1対1で、逆に褒めるときは大勢の前でするように心掛けています。

大勢に同じ注文を付けたいときは、個別の事案であっても、誰かを皆の前で名指

して貶《おとし》めるようなことは絶対にせず、あくまでも一般論で語り、注意を喚起します。

つまりは怒りを鎮め、冷静に対処する、そうした鍛錬が必要なのだと思います。

本書の趣旨に照らしていえば、謙虚であれば、苦もなくそれができるのです。

ただし、私の言う謙虚は〝積極的な謙虚〟ですから、必要な発言はして、組織を良い方向に進めるように仕向けることも重要です。

私の場合、医師会や病院協会、業界団体の会議などでは、自分が率先して意見を言うのではなく、参加しているメンバーの意見をまずは傾聴します。

そうやって、自分の意見も含めて、さまざまな意見を並べ、そのなかから選択したり、意見を強化したりします。そして整理した意見を提案します。

ところが、自分が会議の進行役でない場合、満を持して意見を言おうとしたその刹那に「時間ですので、本日はここまで」といったことを司会に言われることも実は少なくありません。

そういうときは、「無理をしてでも言うべきことではなかったんだ」と、半分自分に言い聞かせて「これでよかったのだ」と思うようにしています。

これはある意味で〝消極的な謙虚〟にあたる場面かとは思うのですが、「本当に言うべきときは言う」が〝積極的な謙虚〟〝推奨されるべき、よい謙虚〟であるならば、言わずに終わったときは、「無理して発言しなくてもよい局面だった」ということだからです。

あるいは自分に迷いがあり、時間内に結論づけられなかったのでしょう。だから、そういう場合は素直に諦めます。むしろ、言わなくてよかったのです。それでたぶん正解なのです。

本当に言うべきときは、前回言いそびれたことでも、ぶり返して言います。

できるだけ皆の意見を聞いて、さまざまなデータを集めて、そのうえで判断をしていく。ただ、私は恥ずかしがり屋なので、皆のところを回ってわざわざ聞きに行くのは、得意ではありません。

実は、謙虚とは関係がなく、人と会うこと自体が苦手なのです。

だから、営業職の人はすごいなと、いつも感心しています。営業のできる人は、世界のどこでも生きていける人だと思います。

だから営業職でもなく、恥ずかしがり屋の私が積極的に皆に働きかけるには、「大義」が必要です。

本音では、昔からもっと積極性が必要だと思っていました。必要に応じては自分から会いに行って説得するような行為も必要だと思っていました。待っているだけではだめだと分かっていました。

第4章で詳説しますが、業界団体で常任理事や副会長、あるいは会長になったことで、そうした積極性もある程度身についたような気もします。

実は、それまでは電話が好きではなく、連絡手段はメールが主でした。しかし、要職に就いたことで、電話も必要なときには自然とするようになりました。立場が自分の背中を押してくれるのだと思います。

世間では、偉くなると自分ではあまり動かない、自分からは連絡を取らなくなる人も多いようですが、それは間違いだと思います。

立場上、偉くなるほどに、謙虚力が重要になってくるからです。自分から現場に出向く、自分の目で見て、自分の耳で聞く。必要な意見を聞き、情報を収集する。その手間を惜しんではいけないのだと思います。

説得も、誰かに任せるのではなく、必要だと思うときには自分でする。それが責任感です。

そうした姿勢は、リーダーになる前——ナンバー2の参謀のときに、実地で身につけるようにするのがいいと思います。

私も、副会長のころ、嫌なことをよくしました。例えば、「絶対に断られる」と思える交渉が必要なとき、会長が行って断られると後がないですから、まずは副会長が行く。その状況次第でトップにお出ましいただく。

そうした手順をしっかりとこなしておけば、自分がトップになったとき、人任せにせず、自分が動く。そうしたクセがつくものです。

そして、自分を補佐してもらっている人の価値が分かるリーダーになれます。組織を大事にするサブの心得は、トップを傷つけてはいけないということです。そして、自分が次にトップになったときには、自分を守ってくれる部下の大切さが分かるトップにならなくてはいけないと思います。

自分を守ってくれる部下を守る。最後まで面倒を見る。

謙虚な言い方に換えれば、面倒を見させてただくということです。それがトップの役割なのです。

「謙虚に聞き一流になる」ための42カ条

19

「怒るときも冷静に」そうすれば、自ずと人がついてくる

「謙虚に聞き一流になる」ための42カ条

20

「メンバーの意見をとことん聞く」

そうすれば、自ずと正解が見えてくる

管理、掌握、命令……大間違いのリーダーシップ

リーダーになったら、状況や立場などに納得してもらったうえで、部下一人ひとりが自ら考え、自ら動くように仕向けることが重要です。

掌握したり、命令したりするなどはもってのほかです。そのようなやり方では、結果的に指示待ち人間が増えますから、そんなものはいくら増やしても意味がありません。

リーダーに謙虚さがなく、独断専行を常としてしまえば、皆、間違えること、怒られることを恐れ、指示待ちになってしまいます。そうした組織は萎縮した組織ということができます。

だから、リーダーには、しっかりと部下を納得させる努力が必要なのです。

さらに、決めたことの達成度による賞罰も大切です。特に、決まったことに対して逆らう部下には処罰が必要になります。

ただ、大切なのは、処罰をする場合でも、相手を納得させる努力が必要だということです。

必ず相手に、何がだめなのか、どこがだめだったのかを開示します。それを説明しないでただ罰する（叱る、外す、降格させる、減俸する、クビにするなど）というのはいけません。

「泣いて馬謖《ばしょく》を斬る」からいいのです。

これは、三国時代、諸葛孔明《しょかつこうめい》が命に従わずに大敗の原因となった、信頼していた部下、馬謖の死刑を泣きながら命じたという故事から来た言葉です。

規律を重んじるのであれば、信頼する部下であっても必要な処罰をしなければいけないのですが、泣いて斬るからいいのであって、ただなんの感情もなく斬ってもいいことなどありません。斬られた馬謖も納得していると思います。

昇格なども同じで、その人の良い部分、評価した部分をしっかりと説明すべきだと思います。

そして、いずれの場合も、相手が納得したことを確認するのが大切です。

賞罰をするには、そもそもしっかりとした理由が必要です。そのうえで、その理由をしっかりと説明する。それは上の者の務めです。

いろいろな組織のやり方を見ていると、ちゃんと説明しない。なぜなら、その理由が判然としない。なんとなく、気分や好き嫌いで賞罰を決める場合が多いからのように思います。それはよくないことです。

私の組織では、配置転換時にはちゃんとその理由を言って、本人が納得してから、新しい部署に行ってもらっています。

傾聴する習慣は、コミュニケーションの醸成につながります。聞くことが大切ですが、聞くだけではだめなのです。しっかりと説明することも重要なのです。

独断専行はいけませんが、リーダーは、傾聴し、見て回ったあとに、最終的な決断をしなければいけません。それが務めです。その決断を開示し、必要に応じてなぜそうするのかという説明をすることで、対象となる個々人、そして組織全体を納得させなければいけません。納得した組織は強いです。リーダーの意図を理解して考え、動くようになるはずです。

「謙虚に聞き一流になる」ための42カ条

21

「独断専行は慎む」
そうすれば、指示待ち人間がいなくなる

「謙虚に聞き一流になる」ための42カ条

22

「信賞必罰は、相手の納得が前提」そうすれば、状況は必ずよくなる

人は何をもってリーダーを慕うのか？

そもそもリーダーシップは何によって裏付けられるのでしょうか。
リーダーシップの源泉は、主に四つあるといわれます。

一つ目は会社での上司、すなわち会社が与えた肩書、権限です。部下を評価する力を有していることを示しています。昇進は年功序列も含め、本人の努力の結果といえますが、それは部下には必ずしも分かりません。見えるのは、あくまでも肩書と、その肩書が持つ権限の上下です。

二つ目がその人の持つ専門性の高さ、技術力など、その場で重要なスキルやノウハウなどをより多く持っているという事実です。

三つ目は、その人の持っている人間としての魅力や大きさ、賢さなど、自分より優れている点でしょう。

そして最後の四つ目が、大義だといいます。目的の大きさ、魅力、正しさ、自分との関わりなどで、人は誰かが掲げた旗の下に集まり、その旗を掲げた人間をリーダーとして認めるものです。

このなかで最も大切なものは何でしょうか。一ではないでしょう。二は、現場によってはとても大切ですが、万能とは思えません。四は大事ですが、早々、万人に影響を与えるような旗を掲げることはできません。

だから私はやっぱり、三の魅力だと思います。そして、ここで大きなウェイトを占めるのが「傾聴する姿勢」だと思っています。

「謙虚に聞き一流になる」ための42カ条

23

「人間としての魅力を磨く」
そうすれば、自ずと部下から慕われる

傾聴に欠かせない「質問力」の磨き方

コミュニケーションの重要性は、誰もが言うところだと思います。

コミュニケーション能力を分解すると、聞く（および聴く）と語る（あるいは話す）が二大要素です。そこに態度や仕草、目力などを含めてコミュニケーション能力のすべてということができそうです。

傾聴も、基本的にはカウンセリングと同じです。相手の立場に立つ、言っている内容を信用する、そして相手に共感することが基本であり、そうやって相手が話しやすいようにすることが肝要ですが、それと同時に、少し俯瞰して相手を見ている自分も必要です。

特にビジネスの現場においては、相手の希望をしっかりと把握する必要があります。医療の場合は希望もさることながら、相手の現状をしっかりと知ることが大切です。多くは検査によって分かりますが、問診も非常に重要です。

プレゼンテーションは「話す」力が重要ですが、コミュニケーションでは意外と「聞く」力のほうが大切なのです。

物の本を読むと、「聴く」と「聞く」の違いを、後者が相手の発する言葉をしっかりと聞き取ることを意味し、前者は、その言葉の意味、相手の本意を読み取ることを意味するとしてあります。

だからこそ、傾聴するには聞くと同時に観察することも必要になります。本書では、その点も含めて、「聴く」も「聞く」に統一しています。

相手の発する言葉を聞くというだけでなく、表情や仕草、声のトーンなども参考にすることが必要なわけですが、先述したように、「全身を耳にする」ことで、そうした要素も自ずと観察し、頭に入れることができるようになります。

「質問する」は「聞く」とも書きます。
「彼に○○について質問する」
「彼に○○について聞く」です。

つまり、質問は「語る」ないし「話す」にではなく、「聞く」に含まれます。聞き出すために発する言葉だからです。

聞く力が話す力より重要といわれるのは、この質問力まで含めての話です。だから、聞くことで、相手を自然と答えに導く、相手の考えを整理することができるわけです。よくない使い方では、洗脳までできてしまうわけです。

質問力で大事なのは、

「追い詰めない」

「間を与える」

「いきなり核心を突くような質問はしない」

「できるだけ明確に、簡潔に」

「顔は柔和に、声のトーンは穏やかに」

「相手の言ったことを簡潔にまとめて口にするなどして、自分が理解していることを示す」

「基本的には否定はしない」（時にわざと相手を怒らせて答えを引き出すという方法もあるようですが、高等戦術でしょう）

「無理はせず、相手の話したい方向に話題を広げる」（しかし、帰り道や脇道は心得ておく）

などです。

自分が始めた聞き取りであれば、知りたいこと、その方向は自明でしょうから、その道筋を見失わないようにすればいいのですが、相手から切り出した話の場合は、どんな話か、あるいは行き着く先のことをしっかりと想像できない場合が多いでしょう。

そうした場合は、まずは、質問もできるだけ挟まず、相手の語るに任せて語らせて、そこから状況をまず把握して、次にどうすべきか。相手にいかなる答えを与えるべきなのかを考えます。

このように、傾聴する力を身につければ、自然と謙虚な姿勢も身につきます。そして、「謙虚でなければ傾聴などできない」ということが分かると思います。サイコパスには決して傾聴などできません。

「謙虚に聞き一流になる」ための42カ条

24

「聞く力を養う」そうすれば、話す以上に雄弁になれる

第4章

我先ではなく、組織に望まれるリーダーになれ

出世を目的にする人生は悲しい

私は医師ですから実体験はありませんが、一般企業の場合、出世することが最も大きな目的になっているビジネスパーソンがいまだに多いと聞きます。確かに出世をすれば給料も上がり、部下を持ち、より多くの権限を与えられ、やり甲斐のある仕事ができる可能性も高まるように思います。

それをあながち否定はできないのでしょうが、それでも出世することだけが目的の人生はつまらないし、疲れると思います。

出世自体は悪いことだとは思いません。問題なのは、出世を目的とすることです。面白おかしく、楽しく仕事をして、その結果、気がつけば出世していたというのが幸せなのではないでしょうか。周りに守り立てられて、あるいは組織に望まれて出世してしまう、というのがちょうどいいのではないかと思うのです。

そのために大切なのは、まずは力強く自分の身のまわりを照らすことだと思います。第2章で紹介した「自灯明」です。そのためには何より自分に自信を持つこと。自信があって強くなければ、他人を助けることもできないですし、その場をよくすることもできません。とはいえ、根拠のない自信では心もとないでしょう。

では、どうすれば自信を持つことができるのか。思い込みでは本当に自信を持つことなどできないと思います。そのためには自分から修羅場を選び、飛び込み、そして困難に抗って解決に導く。その過程では、たくさん間違える。間違えていいのです。そうやって自分を磨く。他人の意見、本音を聞いて聞いて、自分の考えを正す。そうやって自分の自信を確かなものにしていく。

だから修羅場を避けてはいけません。他人との真剣な交わりを避けてはいけません。他人の意見に常に耳を傾けて、さまざまな課題にチャレンジして、そこから学び、勝率を上げていく。そうやって実際に強くなり、自信を得る。そうして生まれる自己肯定感が、人生の勝者には何より大切なのだと思います。

本当の謙虚とは、そうやって培われるものだと思います。自分を磨き、成功し続けるのはたいしたことですが、それで自分の力を過信してはいけません。ますます謙虚になることで、周りの状況をしっかりと見定め、俯瞰し、どの方向に進めば成功の確率が上がるかを見定めることです。

そのために謙虚さが必要なのです。成功体験に胡坐《あぐら》をかくのではなく、常に謙虚に耳を傾け、観察を続ける。

それが成功を続けるための秘訣なのだと思います。そうでなければ、その強さはただの「カラ強さ」になってしまいます。

「謙虚に聞き一流になる」ための42カ条

25

「修羅場を選び、飛び込む」そうすれば、確かな自信が培われる

「滅私の正論」を3割主張しよう

ここまで偉そうなことを書いていますが、私がそもそもそういう人間だったわけでも、今はいつでもそうしているというわけでもありません。これは自分の失敗も成功も噛み締めながら、自分のなかで育ててきた要諦《ようてい》なのです。

今、私がいちばん大切にしていることは、忖度したり、躊躇したり、ましてや自分の利益を守ろうとしたりするのではなく、できるだけいつでも「正論」を言い、実行しようということです。

その結果、「正論の松井」と実際によく言われてきました。「いつも正しいことを言う」ということです。

その時々で、意識しているわけではありません。それがいわば私の性格になっていたわけです。これも7対3の3です。言わないといけないことは、何がなんでも主張する。ただしそれは、正論であるべきなのです。正論というと難しく感じますが、要するに私利私欲を入れない発言です。そのためには自分を俯瞰すること。それがまさに滅私です。自分を滅すれば正論にたどり着けるはずです。

私にとっては、それはいわばクセであり、謙虚さの源だったように思います。それに気づく人がいて、それで「松井は正論を言う」と言われたのかもしれません。

人は他人のことをよく見ています。他人の言動を気にするからです。誰が味方で誰が敵なのかを知りたいと思うからです。誰について行くべきか、あるいは誰を抱き込むべきかを見極めるためです。

私もまたいろいろな人に見られています。出世をすれば、私を見る目も増えます。

詳しくは後述しますが、例えば横浜市病院協会の副会長選挙で立候補者が足りないという時に、私を推薦する人が何人も現れたのは、そういう目があったからでしょう。とても恐縮したものですが、周りの人に求められて上に立つというのは、素晴らしいことだと感じています。無理をして自分で自分を押し出すよりも、何倍も素晴らしいことです。

正しいことを言い続けていれば、分かる人には分かってもらえるのです。見る人は見ているのです。いつも誰かが引き上げてくれる。そのためにも、常に自分を律することが必要です。

だから、自分が正しいと思うことを主張し続ける。おかしいと思えば、そう言う。自分をよく見せたい、虚勢を張りたい。そうした私欲は捨てましょう。誤解のリスクをおかしてでも、「正しい」と思うことをこれからも主張したいと思います。

長く続くコロナ禍で忘れられてしまったかもしれませんが、例えば、２００９年に新型インフルエンザにまつわる騒動がありました。あの時、地元の医師会、さらに市からも「熱のある患者さんが来たら、（診察せずに）全員、市民病院に送るように」という指示が出たのです。これは横浜に限ったことではなく厚生労働省や日本医師会からも同様の指示が出ました。

「それはおかしい」と私は思いました。診察は必要でしょう？　もし市民病院について、そこで診察して別の病気だと分かったら、下手をすれば手遅れになってしまうかもしれないわけです。診察をして、新型インフルエンザと判断した患者さんだけを送るべきだと思いました。

私は神奈川県医師会の理事会でそう主張しましたが、聞く耳を持たれませんでした。それどころか、「先生のところは医師が複数いるからそう言える」などという言葉まで浴びせられたのです。医療の本質を忘れている意見だと思いました。

なので「医者が病気と闘わないで誰が闘うんだ！　患者さんを治していてうつった病気で死ぬのであれば、それは本望じゃないか」と声を上げました。その結果、私は「変わり者の医者」と呼ばれるようになりました。

私の発言は3割の分を超えていたのかもしれません。謙虚ではなかったのだと思います。それからは、「正論を言う者」から転じて、「変わり者」と言われることも多々あります。ただ、そうしたリスクをおかしてでも、主張すべきは主張する。私はそうやって生きてきました。

それを、3割の範囲でやれれば最高です。

私は幼いころから父に「死者もたくさん出ている感染症の真っただ中に入って、全員治して、自分はちゃんと生きて帰ってくるのが医者というものだ」と教えられてきたのです。

「謙虚に聞き一流になる」ための42カ条

26

「自分の利益は一度、度外視する」そうすれば、正論が見えてくる

27

「正論を主張し続ける」
そうすれば、私欲のない一流の人間になれる

ミスや失敗を恐れず挑戦しよう

偉そうなことばかり書いていますが、振り返れば、私の人生は成功よりも失敗だらけの人生だったと思います。

ただ一つ、これだけはよかったかなと思うのは、失敗をしたらすぐに謝ってきたことです。自分の失敗をしっかりと認め、その失敗に向き合ってきました。

だから「いつも謝ってばかりいる」と友人にからかわれたこともありました。

しかしそれは、今思えば誇りでもあるのです。最初から失敗しないほうが上かもしれませんが、失敗をしなければ、人は学ぶことができません。それも真実だと思います。失敗した自分と向き合い、反省し、そこから何を学ぶか、です。

私のスタッフには常日頃から「失敗していいんだよ」と言っています。失敗しなくては学べないことが多々あるからです。

医学部を卒業して循環器内科を選択し、大学病院に勤務したのですが、こんなことがありました。ある患者さんに腎臓の生検《せいけん》（病変の一部を採って、顕微鏡で詳しく調べる検査）が必要になったのです。腎臓に針を刺すので、どうしてもリスクがあります。しかし必要な検査です。

インフォームドコンセントが必要な場面です。そこで患者さんには、リスクと必要性について説明をしました。そして一泊外泊していただき、他の先生やご家族の意見を聞いてもらいました。

実際、その患者さんは皆に意見を聞いたそうです。すると「そこまで親身になってくれる医者はいない」という意見がほとんどだったので、最終的に検査に同意をしていただけました。

ところが、実際に検査をした医師のミスで、大出血をしてしまったのです。その結果、１週間以上も、輸血をしてはまた出血するを繰り返す事態になりました。私は徹夜を続けて対応に当たり、それでも出血が続き、最後は泌尿器科の先生が「状態が悪いので無理だ」と言うのを説得して、腎臓を摘出してその患者さんを助けることができました。

状況にほんの少しの違いがあれば、その患者さんは亡くなっていたでしょう。全責任は主治医である私にあります。

幸運なことに、その患者さんは無事に退院することができました。その後、初めて外来に来られた時に、なんとその人はお礼だと言って手作りのおにぎりを差し入れてくれたのです。生死の境をさまよわせたのは私なのに……、涙が出ました。

ミスは必ず起こるものです。そのリスクと必要性をしっかりと話し、納得してもらう。そして残念ながらミスが起こってしまったときに、いかに真摯に対応するかでその人間の価値が決まります。そして、そうしたミスの原因や、あるいは自分の間違いにいち早く気づき、それまでの3倍努力して、同じミスをしないようにする。その時に、私はそう誓いました。

私は常に「謙虚な医療」を目指してきました。その基本はやっぱり「正論」を信じることです。余計な意見や事情は考慮せず、本当に正しいと思ったことをすることです。

そして常に素直でいること。必要なリスクは取り、無駄なリスクは回避する。正論を軸にしなければ、その境目も見えません。

「謙虚に聞き一流になる」ための42カ条

28

「自分の失敗は素直に認め、謝る」

そうすれば、信頼される人間になれる

29

「ミスから学び、3倍努力する」
そうすれば、ミスが転じてプラスになる

私が提唱する「謙虚な医療」のルーツ

私のモットーである「謙虚な医療」の背景には、父親の存在があります。

私の父もまた医師でした。幼いころから父の後ろ姿を見て育ったので、小学校のころにはすでに医師が自分の将来の夢になっていました。私だけではありません。兄と姉も皆、医師になりました。それくらい、医師としての父の姿は理想的なものでした。

父は明治の終わりに、信州伊那高遠で代々御殿医をしていた家の三男に生まれたとのことです。その後、上京し、昭和医学専門学校で学びました。しばらくして母と結婚し、29歳で母の実家に松井診療所を開きました。私の生まれる前のことですが、この診療所が原点です。

その後、日本は太平洋戦争に突入します。出兵の直前に終戦となったため、父は戦地に赴くことはありませんでしたが、焼夷弾《しょういだん》によって病院は焼失してしまったそうです。

それでも終戦の翌年、地域の協力もあって診療所が再建されました。父は、自転車に乗って往診に駆けずり回ったそうです。私が今でも往診を絶やさないのは、父の後ろ姿を見ていたからだと思います。

私は１９４７年に生まれましたが、薬の分包などで父を手伝っていた母も含め、両親に子どもを顧《かえり》みる暇はなく、私にとっての両親、特に父は近くても遠い存在で、気軽に声を掛けられる人ではありませんでした。

これは後に聞いた話ですが、救急車のない時代です。いつ急患の知らせが来るかも分からず、父も母も、ほとんど布団で寝たことはなかったそうです。

当時の注射薬は6時間おきに打たなければいけないものも多く、夜中の12時に往診に行って注射をして、柱にもたれかかって仮眠を取り、6時にもう一度注射をして帰ってくるというようなことも少なくなかったようです。

息子ながら頭が下がります。

この父から教わったのが、「陰徳《いんとく》」という言葉です。誰から見られていなくても、常に自分が正しいと思うことを粛々と行うことが大事だという教えです。

宗教や道徳的観点からいえば、誰も見ていなくても天が見ているということになるのでしょうが、言い換えれば、誰が見ていなくても、自分が見ている。自分に恥じない行いをしろということのように思います。

「若気の至り」で遠回りをすることもある

小さな時から医師になることを決めていた私ですが、実は最短ルートで医師になったわけではありません。むしろ、かなりの遠回りをしました。中学から中高一貫の麻布学園に通ったのですが、当然、周囲は皆優秀な人間ばかりでした。そのため、頑張っても成績は下から三分の一くらいにとどまりました。これで劣等感が生まれ、しまいには登校拒否です。

それで大学受験に成功するわけもなく浪人。浪人時代はやさぐれていて、家出してパチンコに明け暮れるといった時期もありました。そして二浪。迷走も極まって、尊敬する父とも口論をするようになりました。理由は高邁《こうまい》なものでもなんでもなく、些細なこと。一家そろっての食事など、私の家ではあり得ないことでした。そうしたことも重なり、ある日私は「うちは家庭なんかじゃない！」と理不尽な怒りを爆発させてしまいました。言った途端に、父も母も僕らのために朝から晩まで働いてくれていたのだとハッと気がつきました。いてもたってもいられなくなって、家出をしました。

私がそんなひどいことを言っても、父は何も言い返しませんでした。いたたまれなくなった私が家を出たのです。友達の家などを転々として、数カ月後に家に戻りました。父は温かく迎えてくれて、どこでもいいから大学を受けろと説得されました。大半の大学の受験は終了していたなか、まだ受け付けていた昭和大学の薬学部を受験することができました。

無事に合格し、薬学部で学びました。

そして薬学部の4年生になり、同級生の多くは薬剤師になり、薬局やメーカーの研究者やＭＲ（薬の説明と販売を担当）になって旅立っていくわけですが、自分は結局、医師以外はあり得ないと遅まきながら気づきました。そこから改めて死に物狂いで勉強に励み、卒業試験、薬剤師試験に加え、医学部入学試験をこなし、医師となるスタートラインに立ちました。

と簡単に書きましたが、実は私がまず超えなければいけない壁は薬学部の卒業試験でした。これを超えないと、薬剤師にもなれません。ただ私は、その1年間、授業には休みなく出続けながら、ひたすら医学部の受験勉強をしていましたので、薬学部の卒業試験のほうはほとんど一夜漬けの状態でした。

奇しくもその時、連合赤軍の残党が起こした浅間山荘事件の生中継がテレビ画面に映っていたのをはっきりと覚えています。機動隊が鉄球で山荘を破壊した画《え》は衝撃的でした。じっと観ていたかったのですが、そんな余裕はありません。ただ、気になってどうしてもテレビを消すことができず、ひたすら画面は観ないように、勉強に集中しようとしていました。

その時、私の頭のなかにはなぜかベートーヴェンが創作した交響曲第三番、「英雄」の主旋律が流れていました。この曲はそもそも、フランス革命のあと、ナポレオンを讃える曲としてベートーヴェンが創作したと聞きます。ベルリンに迫ってくるナポレオン軍の砲弾の音を聞きながら作曲したとの逸話を思い浮かべて、勉強していました。

私は浅間山荘事件の中継に目をつぶり、頭のなかで「英雄」を聴きながら、薬学部の卒業試験勉強に没頭したのです。その甲斐あって、無事に薬学部を卒業することができ、医学部にも入学できて医師への道を歩み始めました。

その後、公衆衛生学教室で博士号を取得しましたが、この間（1978年に）昭和大学医学部付属病院第三内科に勤務、1982年に義理の父親が院長を務める長田病院に入り、翌年、副院長になり、その後院長となり、今に至ります。

30

「天が見ていなくても、自分が見ている」そうすれば、自分に恥じる行為はできない

家族に学んだ「陰徳」と「謙虚な姿勢」

両親は医師の仕事で多忙だったので、幼いころは祖父母に甘やかされて育ちました。祖父は自民党員で区議会議員でした。区議会議員として、地元の人のために尽くすことを誇りとしていました。

その結果、地元の信頼は厚く、有名な吉田茂首相の「バカヤロウ解散」後の選挙で自民党は大敗したなかでも祖父は当選しました。自民党から当選した区議会議員は祖父一人だったと聞いています。吉田首相から直筆の感謝状をいただいたと言っていました。

祖父もまた本当に謙虚な人でした。そして正論を好む人でした。区議会議長になる順番が回ってきた時に、議長は中立であるべきと主張し、自民党を出て選挙に臨んだところ、自民党からの支持が得られず、落選したそうです。それでも、祖父は自分の正しいと思う道を貫いたのです。

そんな祖父は、よく街頭演説の大切さについて話していました。街頭演説では、多くの場合、立ち止まって聞いてくれる人はごく少数です。明らかに聞いてくれている人は皆無という場合も少なくありません。それでも心ある政治家は辻立ち、朝立ちで演説をします。誰も見ていない、聞いていないと思えても、どこかから見ている、聞いている人はいる。どこかの部屋の中など、見えないところから聞いている人もいる。その人の1票が当選につながるのだ。だから､手を抜いてはいけない。演説だけではなく、何事も裏表のない振る舞いをしなければいけない。それが祖父の教えでした。

これも、まさに陰徳です。謙虚な姿勢です。

だから私も、相手が誰であれ、挨拶をし、話を聞き、礼を言う。来客を見送るときは、その方の姿が見えなくなるまでお見送りをするといった習慣が身につきました。いつも私がする、姿が見えなくなるまでの見送りは、スタッフにそうするようにと言ったことはありませんが、スタッフも必ずそうしています。素晴らしいスタッフです。

そして、職業に貴賤《きせん》はありません。皆がその道のプロです。だから、職種によって人を差別する、ランク分けするようなことはしてはいけない。誰に対してもきちんと礼儀をもって接する。そうした習慣が身についたのも父、そして祖父のおかげだと思います。偉い偉くないだけでなく、意見の違う人、利害の違う人と付き合う必要も社会人なら誰でもあることでしょう。そんなときも7対3の基本は守ります。自分の意見は主張しますが、相手の意見を傾聴します。そして正々堂々と意見を戦わせ、必要な調整をしていくようにしています。

「謙虚に聞き一流になる」ための42カ条

31

「孤高であっても主義を貫く」そうすれば、堂々と生きられる

「謙虚に聞き一流になる」ための42カ条

32

「姿が見えなくなるまで見送る」そうすれば、自分の気持ちが伝わる

周りに引き立てられてこそ、真のリーダー

おかげさまで私は医師会や病院協会、あるいは横浜市社会福祉協議会などの団体でも、さまざまな経験をさせてもらいました。理事、常任理事や副会長、会長など、要職にも就かせていただきました。

そうしたなか、少なくとも要職は、私自らが望んだ結果ではありません。立候補が基本ですが、私は自ら立候補をしたことがありません。いつも誰かに引き上げられたり、周りの皆に背中を押されたりして階段を上ってきました。

好き勝手なことを言ってきましたし、日本人が美徳としてきた意味での謙虚な人間ではありませんでした。

神奈川県の医師会では、その時の会長と一緒に働けないと思って辞めました。それでも、前会長の禅譲《ぜんじょう》によって横浜市病院協会の会長になりました。

見ていていただいた前会長にお礼を申し上げなくてはいけないと思います。私のような人間のどこかを評価していただいたのでしょう。

そもそも私が医師会に所属したのは１９８３年のことです。横浜市港南区医師会の勤務医事業部会員になったのが始まりです。

当時、私はまだ長田病院の副院長でした。副院長といってもなり立てで、病院経営について学びながら、もちろん多くの患者さんも診ていました。

そんな時期ですから、正直、医師会の仕事にはあまり関心がありませんでしたが、病診連携部長なる役目を仰せつかりました。

私の医師会での責任が大きくなったのは１９９９年のことでした。長田病院の院長に就任し、港南区医師会では社会保険部長になっていました。

そんなある時、港南区の医師会長が突然お亡くなりになりました。そのために港南区の医師会は混乱してしまいました。

そこで私が横浜市の医師会の常任理事をしていた昭和大学の先輩に、「港南区に戻ってきてください、会長になってください」とお願いしたのです。

その先輩は快諾してくれたのですが、条件がありました。

「横浜市医師会の常任理事のポストをせっかく確保しているのだから、自分が戻る代わりにお前が行け」というものでした。驚いて固辞しました。横浜市医師会は港南区の医師会とはレベルが違う大組織です。とうてい私の任ではないと思ったからです。

翌日、姉に電話をして断ったことを伝えました。すると姉に、「あなた、自分のことばかりではなくて、たまには人のためにも行動しなさい」と、ビシッと言われてしまったのです。

「そうか」と思い直し、翌日、その先輩に「受けさせてください」という返事をして、２００３年４月に横浜市医師会の常任理事になったのです。

横浜市の医師会は３地区に分かれていて、常任理事は、それぞれの地区から３人ずつ選ばれ、それぞれから副会長が一人選出されていました。ところが私が常任理事になって２期４年を務めた２００７年、なぜか私が所属する南地区の常任理事が４人になっていて、３：３：３ではなく、４：３：２という不均等な形になってしまっていたのです。

これはよくないと思い、「私が降ります」と会長に言ったのですが、「そのくらいなんとかなる」と慰留されました。しかし、それでは私の正論が収まらなかったので、「それでは充電させてください」と言い方を変えました。

それで会長も渋々「分かった」と認めてくれたのですが、それから2日後、電話があり、「神奈川県の医師会に一つ席が空いたからお前が行け」と言われて、私は神奈川県医師会の理事に就任することになってしまいました。

結果、2007年から2019年まで理事を務めました。

そうした事情を知らない人たちは、私が望んで上に行ったと思っていると思いますが、県に行くために市を辞めたような形になってしまいました。

「謙虚に聞き一流になる」ための42カ条

33

「他人のために行動する」そうすれば、自我が薄まる

「事なかれ主義」ではなく、正当な判断を

県の医師会での担当は「医事紛争」でした。やり甲斐のある仕事でした。どういう仕事かというと、患者さんから医療事故などの訴えがあり裁判が起こされるという事態に対処し、20人の専門医で審議して、病院側に責任があるかないかを決め、弁護士や損害保険会社とともに、有責と結論づけた場合に賠償額を決めるという委員会のとりまとめ役です。

ここでも私は決しておとなしくはしておらず、あることを主張しました。

というのも、私が医事紛争担当になった当時は、医師側に責任がなくても、患者さんに迷惑をかけたということで、30万円の示談金を支払うという習慣があったのです。これはおかしいと思いました。私は会長に直談判に行きました。「訴えられ

たら、責任がなくてもなんでも示談金を支払うというのはおかしい。それでは、訴えれば必ず賠償されるから、訴えればいいことになる」と言うと、会長にも同意していただいたので、私は委員会の席で、「責任がない場合は最高裁に行っても闘います！」と宣言したのです。

皆が同意してくれました。皆、不満に思っていたのです。私はその年の忘年会で「闘う医師会」という言葉を使いました。それがまるでキャッチフレーズのように広がりました。もちろん、なんでもかでも「責任なし」にするという意味ではありません。公正に判断して責任があれば、その責任は当然受け止めて、必要な賠償を行います。事なかれ主義はかなぐり捨てたということです。

私は医事紛争の担当を6年間務め、一時期総務担当を務めて、その後また県の医師会の医事紛争の担当になっています。

34

「事なかれ主義を否定する」そうすれば、自ずと正解が見えてくる

謙虚な出世は「推薦」と「禅譲」で成る

横浜市病院協会の理事にもなりました。２００８年のことです。「市の病院協会の理事が25人に達しないから入ってくれ」というのが理由でした。「理事の成り手がいないからなってほしい」というわけです。

この時も即答はしませんでした。そうしたら「なにしろお前が入ってくれないと25人にならないから」と説得されたのです。それで入ったのですから、この時も、いってみれば他力本願です。

それで理事会に行ってみると、会議は紛糾していました。「補助金不正受給事件」という告訴された事件で紛糾していたのです。

この不正が暴かれたことで、いわゆる守旧派に代わり、改革派が実権を握りました。その騒動のなかで、私も常任理事にさせられました。その後、選挙があったのですが、会長が1人立候補し、副会長が3人立候補しました。ところが実は副会長は4人必要なのです。そこでまた私に白羽の矢が立ちました。事務長が「本来は立候補だけど、推薦があって、本人が承諾すればいい」と言ったのです。すると、ある先生が「松井だ、松井だ」と言い出したそうです。その勢いに抗えず、私は副会長になりました。

次は会長です。2022年5月、前の会長に「私ももう80になるからお前が代わりにやってくれ」と言われたのです。その時も「いや、私じゃなくて、もっと良い人がいると思います」と言いました。しかし、「お前が出ないと選挙になってしまう」と言われました。選挙になると派閥に割れるので組織が疲弊するというのが理由でした。いわば禅譲ですが、私も組織内選挙には弊害があると思っていましたので、謹んでお受けしました。

実は私が横浜市病院協会の理事になった前年の２００７年に、神奈川県病院協会の理事になっていました。当時私は県の医師会の理事でもありましたが、県医師会の理事で病院を持っている人間として県の病院協会に推薦され、理事として加わったのです。そこにはこんな裏話もあります。

ある時、会合のあとの一次会が終わって、二次会に行こうということになりました。私はその二次会の場所に不愉快な記憶があったので、「行きたくないな」と思っていました。すると、いつの間にか県病院協会の会長と二人きりになっていたのです。そこで私はその飲み屋について、半分冗談で「面白くない飲み屋さんはたくさんありますけど、不愉快なところはあそこぐらいですね」と言ったのですが、その愚痴が面白かったらしく、やはりその店に行くのを躊躇《ためら》っていた会長から、「君、面白いね。じゃあ、一緒に飲みに行こう」と誘われたのです。その場で仲良くなって、「君、理事やってくれない？」と言われたのが、そもそもの発端でした。

「謙虚な人」と「謙虚力のある人」の違い

もう一つ、社会福祉協議会があります。私は、2006年から理事、そして2012年から副会長を務めています。ちなみに、横浜市の社会福祉協議会は市の外郭団体です。

そして横浜市福祉事業経営者会。これは、高齢者福祉行政が施設長を中心に回っていて、経営者である理事長がのけ者になっていることに怒った先代（私の義理の父親）が他の法人の理事長に声を掛けてつくった組織です。

そのため先代が初代会長を務め、二代目は先代と仲の良かった方が会長になられていました。先代が始めたことでもあるので、私は当時の副会長から声を掛けてもらって理事を務めることになりました。その後二代目の会長が健康を害して、

2005年から私が三代目の会長に就任しました。

会長として心掛けたことがあります。相手が市でも国でも、自分が正しいと思ったことは必ず言う。政策が間違っていると思ったら必ず直接言う。しかし、一度決定したら、市に協力する。

これも今にして思えば7対3です。意見は言う。事なかれ主義にはならない。しかし、最後まで反対しても意味がない。相手の話もよく聞く、ということです。

3期6年で私は会長を辞しました。「権力は、いつかは腐敗する」からです。同じ人間がずっとトップに居座るのはよくない。自分もその法則には従おうと思ったのです。

米国の初代大統領、ジョージ・ワシントンは3期目への立候補も可能だった当時、

2期8年で大統領を辞しました。私はワシントンを尊敬してますし、米国がその後繁栄しているのも、この精神があったからだと思っているので、私もそうすべきと思っていたのです。

ワシントンが8年なのですから、至らない私は6年で十分です。

というように、公的な仕事で要職も務めてきましたが、自分から手を挙げたことはありません。副会長や会長など、基本は立候補ですが、立候補せずに、これだけの役に就いてきた人間はあまりいないかもしれません。

なぜなのかと考えると、やっぱり要因は「正論」であり、「滅私」なのだろうと自分の人生を振り返ります。

だから誰かに引っ張り上げられる、あるいは祭り上げられる。トップに立って号令することは私の性格ではあまり良しとすることではないのですが、皆に求められるのであれば、その気持ちに少しでも報いなければいけないと思うばかりです。

私を引っ張っていただいた方々に感謝です。

ここが、いわゆる謙虚と謙虚力の違いでもあると思います。普通の意味で謙虚な人は謙虚であるがゆえに、上には上がって行かないと思います。

しかし謙虚力のある人は、人生における巡り合わせ、タイミングを重視します。荒波に飛び込むような場面でも、「今だ」と思うときには、飛び込む以外にないのです。

35

「引き際をわきまえる」
そうすれば、いらぬ波風は立たない

「謙虚に聞き一流になる」ための42カ条

36

「人の想いには報いる」
そうすれば、胸を張って生きていける

何歳になっても「学ぶ場」を求めよう

横浜市医師会の2年目、２００４年から、人権擁護委員会の委員をずっと務めています。これは法に基づいて、法務大臣からの委嘱で行う活動で、何をするかというと、人権相談を受けたり、人権の考えを広めたりする活動をしている団体です。

これも実は自分から手を挙げたわけではありません。当時、市の医師会に所属していたわけですが、医師会で60歳未満で市内在住の医師を推薦することになり、その条件に当てはまる医師会役員は３人しかおらず、どちらかというと医師会での役割が少なかった「松井が行け！」ということになったのだと思います。

人権相談は当番制で、県庁や市役所に出掛けていって、対面で相談を受ける場合もあれば、「人権１１０番」という電話相談の場合もあります。

相談内容は多岐にわたります。ご近所トラブルもあれば、家庭内暴力など際どい内容の場合もあります。もちろん、すぐに解決策を伝授できるというものでもありませんし、必ず良い回答ができるというわけでもありません。専門外の相談も多いものです。

ただそこで、まずは「聞いてあげる」、謙虚にいえば「聞かせていただく」ことが大切なのだということを学びました。話すだけで気持ちが楽になるということも多いものです。また、我ながら、相手に気づきを与える良いアドバイスができたと思えることもありました。

いずれにしても相談ですから、こちらが決めつけて答えを提供するよりもむしろ、相手の心が休まる、さらには自分で気づくためのきっかけを与えることができれば上々の立場なのです。

世の中にはいろいろなことで悩んでいる人がいます。解決できる、できないはありますが、この仕事に従事している時間は、少なくとも自分にとって非常に有益な時間だといえます。実に勉強になるのです。

人権擁護委員の任期は3年ですが、私の場合、医師がほかにいないということもあって、今でも続けています。委員にはほかに弁護士や学校の校長先生、民生委員など、さまざまな職業の専門家がいます。皆さん人格者で、そういう人たちとお付き合いができる機会があるというだけでも貴重な経験だと思っています。

もう一つ、刑務所視察委員（正確には刑事施設視察委員）という仕事も長く継続しました。刑務所を視察するボランティアです。これも法律に基づき、刑務所や少年刑務所、拘置所などを視察し、運営に問題があるかどうかを見て、もし問題ありと思われたときには所長に意見を言うというのが役割です。やはり、さまざまな職業の専門家が参加しています。

私の場合は横浜市医師会を通じて依頼が来ました。横浜の刑務所が地元である港南区にあるために私が任命されたのですが、10年以上続けて、２０２１年に交代しました。主に、入所者の待遇に問題がないかどうかの聞き取り調査をします。苦情箱を設置し、管理。それを訪問した時に開け、中身に目を通し、重要と思う場合に、それを書いた受刑者との面談を行います。少年鑑別所にも行きます。こちらで直接面談する場合は、委員は二人一組で行います。

人との出会いのなかで、それまで知らなかったことを知る。さまざまな人格、意見、育ってきた環境の違いなどを肌身で知ることができます。知らないことを知り、その場で一緒になって考える。こうした経験は、勉強になるだけでなく、いつまでも自分が謙虚でいられる秘訣かもしれません。

「謙虚に聞き一流になる」ための42カ条

37

「学べる人と会う」そうすれば、有益な時間を持てる

「謙虚に聞き一流になる」ための42カ条

38

「知らないことを教わる姿勢を忘れない」そうすれば、いつまでも精進できる

「菅義偉前首相」との出会い

実は私は、菅義偉氏の港南区の後援会長も務めてきました。長いお付き合いです。1996年に菅氏が衆議院議員選挙に神奈川2区から立候補し、初当選する前からお手伝いをしてきました。

祖父が目黒区の区議会議員だったことは述べました。姉がその後を継いで目黒区議会議員になり、その後、都議会議員を務めました。

父親同士が知り合いであった、ある国会議員の方が、結婚して目黒から横浜市に移ってきたので、その方の後援会に入りました。その方が自民党から新党さきがけに移った時に、私も参加し、「さきがけ塾」の運営委員長も務めることになりました。

小選挙区制になったことをきっかけに自民党の菅氏から面会の申し出があったのですが、「さきがけに所属しているのでお会いできない」と断りました。杓子定規と受け取った人もいたかもしれませんが、それが私の正論でした。ある有力議員から、「先生、素晴らしい回答をしたね」と褒められました。

その後、ある事件がきっかけで、さきがけを辞め、私は自民党に戻りました。しばらくして、懇意にしていた郵便局長が食事をしたいと連絡をしてきてくれました。おうかがいすると、そこに菅氏もいらしていて、「選挙を手伝ってほしい」と言われたのです。

しかし、私は自分を「一度はさきがけに行った前科者だ」とわきまえていました。それで再び姉に相談したのですが、姉は「もともと自民党支持者だったのだから問題ない。一所懸命に菅さんを応援するのが筋でしょう」とたしなめられました。

それで自民党からさきがけに行ったその他の人たちにも声を掛け、少数単位の後援会をいくつかつくってもらいました。

ある時、初当選した菅氏から「後援会長になってほしい」と言われました。私は姉の選挙で、少しは選挙の常識なるものを知っていましたので、「後援会長は地元の有力者がなるほうがよいと思います」「では医師会長にお願いしてください」「私は前科者だから」などと理由を述べて固辞しました。しかし、ことごとく「問題ない」という返事でした。

もう一つの理由がありました。義父の会社の経営が悪化していたので、何かあったらまずいと思ったので、そのことを秘書の方に話しました。

すると菅氏が訪ねてきて、「消費者金融に借金があるか?」と質問されました。それはありません。「それならまったく問題ない」「私はお義父さんに頼んでいるのではなく、松井さんに頼んでいるのだよ」と言われました。

三顧の礼ならぬ、四顧の礼です。諸葛孔明でさえ、三顧の礼なのに、なんと四回も断ったのです。これ以上お断りするのは失礼の極みだと思い、お受けさせていただきました。

後年、10年以上あとになって、私はなぜあそこまで菅氏が私を認めてくれたのか、永遠の謎だという話を菅氏の奥さまに尋ねました。すると奥さまは「あの人は人を見ていますから」とだけ答えられました。確かにその後、私は長田病院の院長、成仁会・同塵会の理事長になり、事業を拡張することもできました。医師会、病院協会、社会福祉協議会の役員にもなりました。菅氏がそのことまで予見していたわけではないと思いますが、人を見ていただいたということですから、幸せなことです。光栄の至りです。

いずれにしても、見る人は見ている。だから、自分が正しいことを裏表なく実行し続けなくてはいけない。そう思いました。しかし、だからといって、偉くなりたいという話ではありません。これを出世と捉えたとしても、望んでそうなったのではなく、医師会などの場合と同じで結果論なのです。

もちろん、菅氏との間になんの忖度も存在せず、私的な話は一切しません。個人的なお願いもしたことがありません。

もう一つ言うならば、菅氏もまた素晴らしく本当に謙虚な人だと思っています。

後日、総理をお辞めになられる時、私は菅さんに「もっと自らの功績を発信してもよかったのではないでしょうか」と言いました。すると菅さんは「言わなくても分かってくれると思っていた」とお答えになりました。素晴らしい実績があるのに、そこまで謙虚でなくてもよかったのではないかと思いました。

「謙虚に聞き一流になる」ための42カ条

39

「三顧の礼は行うもので、させてはいけない」
そうすれば、分をわきまえることができる

「気配り、気遣い」を絶やさずに

菅氏もそうだと思うのですが、謙虚な人は、本当はリーダーよりも参謀としての座りのほうがいい。調整役が適していると、私はそう思います。

私はどこかでもう一度、菅氏に総理大臣になってほしいと思っていますが、どうでしょうか。菅氏自身は謙虚で、積極的に長になりたいと思っている人ではないので、時宜を得ないと腰を上げないかもしれません。

いずれにしても菅氏は心遣いの人です。総理大臣になった時に、私にまですぐに電話をくれました。気遣いの人だなぁと思いました。

私もリーダータイプというよりは、参謀タイプの人間です。

私はいろいろな仕事をしてきましたが、実は総務の仕事がいちばん向いていると思っています。総務は、医師会長を補佐するのが役目です。参謀です。根回しもしますし、問題に真っ向から向き合うこともあります。

そして、この仕事をしているうちに、この仕事にもいちばん必要なのは気遣いだと気づきました。会長、つまり組織のトップをフォローし、評価を受けられるようにします。政治家の秘書のような役目でもあります。

だから、細かな部分に対する気配りも重要なのです。大切なお客さまやカウンターパートナーだけでなく、スタッフや、例えばパーティの給仕さんなどにも一人ひとりにちゃんとお礼を言い、ねぎらいます。しっかりと準備をするだけでなく、立つ鳥跡を濁さずです。

そんなことを行っている人間を、私は医師会で見たことがありません。どちらかといえば、医師は皆、偉そうに振る舞っていることが多いように感じます。それは謙虚ではありません。

ただし、総務や秘書はトップとの信頼関係がなければ何もできません。

堺屋太一氏の小説を読んで、私は豊臣秀長が大好きになりました。実務能力にも長けていましたが、何よりも秀吉をフォローし、時には諫《いさ》めた人です。

歴史に名を残すほどのリーダーはどこか常人離れしているものだと思います。だから時に暴走する。それを諫める参謀が必要なのです。自分は、秀長タイプだと思っています。ところがもし秀吉がいないと、秀長は自分で秀吉にならざるを得なくなってしまうのです。それは本来の姿ではないように思います。

実は先日、菅氏が尊敬する偉人も秀長であると知りました。二人で語り合ったこともないのに、これは本当に不思議なことだと思いました。

日本人の美徳「謙虚に聞く力」を取り戻そう

「謙虚」は本来、日本人の美徳であるはずです。しかし、今はそうとも言えない状況かもしれません。それをもう一度思い出し、さらには世界に発信したいと思っています。

世の中には本当に事なかれ主義が蔓延しています。コロナ禍での病院の面会お断りもそうです。神奈川県では私が院長を務める長田病院だけが面会を認めていたと聞きました。

もちろんこれができたのは、コロナと戦ってくれた医師やスタッフのおかげです。彼らが最前線でコロナと命がけで戦ってくれたからこそできたことです。面会は人間の尊厳に関わるとても大切な決定だと思っています。

究極の話をすれば、死に際に家族が看取ることもできないというのはおかしな話です。患者さんがお亡くなりになったときに、誰かが棺に納め、焼き場まで持ち込むのですから、同じ装備をすれば家族が付き添えない道理はないはずです。

象徴的なのが、志村けんさんのケースです。ご本人、ご家族はじめ多くの方々に人間の尊厳を踏まえた対応ができなかったことを、医師の一人として申し訳ないと思っています。考えるたびに、人を差別するわけではありませんが、あれだけ私たちを楽しませてくれた人を、あのような形でお見送りしたことを考えると涙が出ます。

もちろん、死に際だけの話ではありませんが、ここが典型的なところだと思います。

当然、院内感染は防がなければいけませんが、医師や看護師には、どうしても感染のリスクが付きまといます。

だからといって、看護師が家に帰ると、町内の人たちに白い目で見られる。それはとてもおかしなことです。こんな事なかれ主義は、日本だけではないでしょうか。少しのリスクでも恐れたら、自分、あるいは自分たちだけは責任を逃れたいと思ったら、正しいことなどできるはずもありません。

だから、残念ながら「謙虚力」を広めるのは、世界の前に日本なのだと思います。ファミリーエゴイストなる言葉も市民権を得ました。家族が仲の良いことはもちろん、いいことですが、自分たちだけが優先で、他人は関係がない、行った先の旅館やホテル、遊び場や観光地そのものに敬意を払う気もないというのは、まったく情けない話です。

経営者にとって自社が大事なのは当然ですが、自社が活動し、売上を上げている社会、地元、世界に対する責任がないと考えるとすれば、それはとても悲しいことです。

民衆も、経営者も、官僚も、政治家も、皆、今こそもう一度謙虚であることの大切さを思い出してほしいのです。そうでなければ、世界はどんどんつらい方向に向かってしまいます。

コロナ禍もいち段落して、飲食店で食べ残した料理の持ち帰りが許されるようになりましたが、それ以前に持ち帰りが禁止されていたのも、おかしく思うことがありました。海外で「持ち帰りたい」と言うと、例えば台湾ではシェフが出てきてお礼を言ってくれます。「おいしいから持ち帰りたい」という気持ちの表れだからです。

持ち帰って適切に取り扱わなかったために、万が一お腹を壊したとしても、それは本人のせいです。その飲食店が責任を負う必要はないはずです。しかし、日本では飲食店が責任を負うことになる可能性が高く、風評被害のリスクもある。だから、過剰に反応して持ち帰りをさせない。そうなってしまう。それで本当に正しいのでしょうか？

子どものころ、往診で遅くなった父が帰りに折り詰めのお寿司を持って帰ってきてくれたことがありました。お寿司は生ものなのに、それが許されていたわけです。いや、今でも大丈夫なはずです。

「杓子定規」という言葉があります。法律も、規則も、官僚の頭も、基本は杓子定規です。それを全否定する気はありませんが、臨機応変や現場判断がまったく否定されてしまえば、杓子定規はまさに悪癖になってしまいます。残念ながら、そういうことが私たちの周りにも少なくありません。その結果、「官僚は間違ったことを正しく行う」という言葉まで生まれてしまうわけです。

滅私になる術を学び、謙虚力を身につけ、傾聴する力を備え、人の意見、話を素直に聞くことができれば、自ずと答えが見えてくるはずです。

もちろん、それでもすべての機会で間違えないということは困難でしょう。謙虚であるということは、素直であるということですから、間違ったら素直にそれを認め、そこから学び、改めればいいのです。それを繰り返して成長していくのです。今間違えておく。先に行って、大切な局面での大きな決定の際に間違えないように、今、間違えておくことが大切です。

私がスタッフによく言うことも、「人はどんなに頑張っても、必ず間違います」

ということです。

孔子の言葉をさらに引用するとすれば、「過ちては改むるにはばかることなかれ」です。間違ったら、すぐに対応し、次に間違えないようにすればいいのです。

だから「間違えたら、隠すのではなく、すぐに仲間に相談してください。それでどうにもならなそうだったら、私に相談してください。私がなんとかします」とよく言います。

私たちの現場は医療と介護ですから、それが何よりも大事なのです。

ついでに書き添えるとすれば、先ほどのファミリーエゴイストへの対応です。老人ホームでは、入所者の家族がクレームをつけてくるということもあります。クレームがあったときは、「そのご家族から、一言でも『いつもお世話になっています』

といった感謝の言葉があったなら、その入居者のことは最期まで面倒見させていただきなさい」と言っています。

お互いに感謝し合う気持ちがなくては、この仕事はできないのです。もちろん、明らかに私たちの過ちならば、正さなければいけません。

スタッフも、感謝の気持ちのない利用者を世話していては心が折れてしまいます。互いに信頼関係を築けなければ、きつい現場です。

また仏教関係の言葉ですが、「和顔愛語《わげんあいご》」という言葉があります。和やかな顔をして、愛のある言葉を話すといった意味です。相手を立てて、穏やかに接しましょうという意味ともいえます。

介護現場では、この言葉がとても大切です。スタッフもそうですが、世話をされる身になったときに、その人の真価が問われると思えるのです。まさに晩年に一流であり続けられるかどうかです。

誰も年を取るのは嫌なものです。少しずつできることが少なくなり、介護を受けなくてはならなくなる。これは怖いことでもあります。しかし、下手にプライドが高いと、とても扱いにくい、嫌な患者や入居者になってしまいます。和顔愛語のまったく逆になります。いつも怒っている。スタッフを怒鳴りつける。それはとても寂しい晩年といえるのではないでしょうか。

尊厳が失われていると感じる場面でも、そこは諦めましょう。巡り順です。世話をされることに感謝しましょう。怒鳴るのではなく、感謝とねぎらいの言葉を掛けましょう。そうすれば、一流のまま、人生を締めくくることができます。

「老いては子に従え」ともいいます。いつまでも、傾聴する姿勢は重要なのです。

「謙虚に聞き一流になる」ための42カ条

40

「常に気配りを忘れない」
そうすれば、誰からも嫌われずに済む

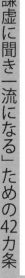

「謙虚に聞き一流になる」ための42カ条

41

「お互いを認め合う」そうすれば、私たちは幸せになれる

42

「まず日本人が謙虚になる」
そうすれば、きっと世界は平和になる

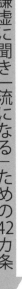

おわりに

私が文字どおりの謙虚かといわれれば、少しも謙虚ではなかったように思います。特に公職に就いてからは、好き勝手なことを言っていると思われていたでしょう。確かに出世には興味はなく、与えられた立場の負うべき義務を果たすことに尽力してきました。ただ、正論と自分が信じることを常に主張してきたと思います。

欧米で人々がマスクから解放された時に、「コロナの2類は改めるべきだ」とか、「働き方改革は憲法違反だ」などと、官僚との会議でもしっかりと主張してきました。そんなとき、官僚は黙って受け流すのが常です。7対3の7に注力しているわけです。ただ、私の立場であれば、黙っていてはいけないと思うわけです。

そこで「謙虚力」が大切になってきます。積極的な謙虚です。正論に従う謙虚です。

そして、謙虚ではなかった私が、今振り返るに、何が大切か。それはこれだ、と思うことが「謙虚力」であるわけです。

人類が地上を支配をしたのは人類が協働できたからという、イスラエルの歴史学者ユヴァル・ノア・ハラリの説があります。

例えばチンパンジーが１０００匹集まったら烏合《うごう》の衆になるだけで収拾がつかなくなる。しかし、人間は集まることで、協働して仕事をすることができる。

この事実が、人類を地球の支配者にしたという考えです。

蜜蜂は、女王蜂が悪いからといって革命は起こせません。人類にはそれが可能です。ただ、それにあたって一番大切なことが「謙虚力」であると思うのです。

謙虚に聞く力がなければ、無血革命はできません。

人類の歴史を見ると、しかしそれは決して謙虚なものではありません。これからは、もっと謙虚に聞く力を身につけ、発揮していかなければいけないのではないでしょうか。

自己主張は必要です。ただそれは、自己中心的な人の主張ではなく、お互いを認め合ったうえでの主張です。それができる人たちの集まり、要するに謙虚力を持った人たちの集まりこそ、これからの人類のあり方なのではないでしょうか。

謙虚な人が果たして、声高に「謙虚は素晴らしい」と唱えるでしょうか。たぶん、そうはしないでしょう。これまで謙虚ではなかった人こそ、謙虚の素晴らしさに気づけば、素直に謙虚の良さを唱えることができるのではないかと思い、4年前に『謙虚力』を書かせていただきました。

今回は、サイコパス的な人々が社会を率いて戦争などを起こしている現状を阻止できる特効薬として、傾聴し合い、謙虚さを認め合うことがますます大事になっているということを書いたつもりです。

ここに至るまでに、たくさんの方々にご迷惑をおかけしながらお世話になりました。特に妻・芳子、姉・比呂美、そしてスタッフの方々に深く感謝しております。また、本書の出版にあたり、エフの赤城稔氏、宝島社の吉原彩乃さんに大変お世話になりました。

心からの謝意を込めて、感謝させていただきます。

２０２３年６月吉日

松井住仁

装丁デザイン／菊池　祐（ライラック）
本文デザイン・DTP／後藤和実
校　　正／聚珍社
編集協力／赤城　稔（エフ）

松井住仁（まつい・じゅうにん）

医学博士、医師・薬剤師。医療法人社団 成仁会 理事長・長田病院 院長。1947年生まれ。1972年、昭和大学薬学部卒業。1977年、昭和大学医学部卒業。1981年、昭和大学大学院（公衆衛生学）修了。1978年から昭和大学医学部付属病院で第三内科助手として勤務。1982年に退職後、長田病院で勤務。1999年、同病院の理事長、院長に就任し、現在に至る。社会福祉法人 同塵会 理事長／公益社団法人 横浜市病院協会 会長／社会福祉法人 横浜市社会福祉協議会 副会長／公益社団法人 神奈川県病院協会 常任理事／公益社団法人 神奈川県医師会 前理事／法務省 人権擁護委員。これまで多くの役職を歴任。「謙虚に生きる」をモットーに、上昇志向を持たない、我を通さない、他人の話をよく聞くの3つを実践。現在の役職はすべて他薦であり、患者はもちろん同業者からも圧倒的信頼を寄せられている。

謙虚に聞く力

2023年6月28日 第1刷発行

著者 松井住仁
発行人 蓮見清一
発行所 株式会社 宝島社
〒102-8388
東京都千代田区一番町25番地
電話 営業：03-3234-4621
　　 編集：03-3239-0646
https://tkj.jp

印刷・製本 中央精版印刷株式会社

Printed in Japan
ISBN 978-4-299-04405-1